「大和つながりの会」第130回記念誌

「つながり」のなかで己をみつめる

大和つながりの会代表 **真栄城輝明** 監修

朱鷺書房

目次

装丁　白沢正

装画　仲程順子

目次　　3

【まえがき】「大和つながりの会」の紹介と記念大会の報告

真栄城輝明（大和内観研修所 所長）

〈まえがき〉

　2023年1月28日は、「大和つながりの会」が2011年4月2日に発足してから12年の歳月を重ねて、第130回になるので記念大会が開催された。第1回目から大和内観研修所を会場にして月例で行われてきた。けれども、2020年1月15日に新型コロナウイルス感染症第一例目が検知された。中国・武漢から帰国した神奈川県の男性である。そして感染が拡大してゆき、2020年4月16日に緊急事態宣言が全国に発布されて以来、この国では外出制限のため社会が一変した。学校は休校になり、会社はテレワークや在宅勤務になってしまった。大学はオンライン授業が普通になり、会議はオンラインで行うようになった。そこで本会も休会することなく2020年3月から、オンラインによる開催を続けることになった。

　以降は、オンラインと対面のハイブリッドの開催になり、現在（2023年6月24日）までそれが続いている。WHOはおよそ3年3か月にわたって出されていた緊急事態宣言の終了を2023年5月5日に宣言しているが、完全に終息したわけではないからである。

　この国ではマスク着用で集会が可能になったので、記念大会は会場を大和郡山市民交流会館に移してハイブリッドで開催することになった。記念大会の開催はそれだけが理由ではなく、「大和つながりの会」が2022年度に日本内観学会から研究助成金を受けたので、その研究成果の発表も兼ねての開催であった。

　これもコロナのお陰だと言ってよいかもしれないが、ハイブリッドになって遠方からの参加者が増えている。第130回の記念大会の様子は参加者がそれぞれの立場から報告するので、目を通していただければ幸いである。

「大和つながりの会」が共同研究に取り組む発端は、第42回日本内観学会の長崎大会（塚崎稔大会長）での一般演題「集中内観から日常《分散》内観を経て集団療法への展開〜集中内観後の電線をつないでゆく試み〜」（真栄城輝明他）であった。日常内観は吉本伊信師がつとに強調されていたことであるが、その実践と継続はたやすいことではなく、多くの内観者が集中内観直後はその意を強くするものの実行するとなると困難を極めるのである。そこで、われわれは日常内観の実践を工夫することにした。まずは、その決意表明としての報告をしたので、それを紹介しよう。

〈研究の経緯〉

　集中内観を電信柱に、日常内観を電線に譬えて、「いくら電柱がたくさん立派にあったとしても、電線がなくては電気を流せないのであって、それではナンセンスです。」と述べて日常内観の重要性を説いたのは吉本伊信である。そこへ一人の日常内観の実践者が現れた。中田琴恵さん（故人）である。23年間、毎週、欠かすことなく一枚のハガキが送られてきて吉本を感激させている。その中田さんは、演者（真栄城）が吉本の内観研修所に赴任してからも逝去するまで日常内観を記したハガキを送り続けていた。その後、しばらく、日常内観の実践者は途絶えていたが、日常内観を続けたいという一人の内観者（Kさん）が現れた。これを機に「電線作り」を考えた。はじめは、記録内観という方法を採用していたが、日々の暮らしで遭遇する問題に苦悩して日常内観の継続が困難となった。そこで、集団療法を立ち上げることにした。それを「つながりの会」と称して月例で開催してきた。文字通り日常内観（電線）のつながりを意図してのことである。月例会の中で、日々の生活で直面する課題を報告したうえで、メンバー間でその都度の問題への対処の仕方を話し合ってきた。その会も2011年4月2日に開始して以来、2018年11月で第83回目を数えるが、この機会にそこから見えてきたことを考察することにした。

〈目的〉

　集中内観後の日常（分散）内観を日々の生活の中に根付かせていくことと同時に、今後の内観の行方を展望するためである。

〈事例〉

　Kさんは、60代の女性であるが、最初に集中内観を体験したのは、50代であった。数回の集中内観を挟んで、当初は日々の日常内観を継続していたが、様々な出来事のため、しばし日常内観が途絶えてしまう。が、日を置いての分散記録内観を続けていた。しかしそれも途切れがちになったことから、集中内観者の集いがあれば、内観とつながることが出来そうだというので、「つながりの会」を発足したところ、分散記録内観が復活した。それだけでなく、自宅を新築する際に、自分自身の為に内観室まで作って、日常内観を続けている。

〈結果と考察〉

　Kさんはもとよりであるが、月例会へ継続的に参加するメンバーも増えて、内観後に遭遇する様々な問題を話題にすることで、日常内観継続の支えになるようだ。

　上海精神衛生中心の王祖承教授は、演者との私的会話の中で心理療法の条件として「変法として展開されている」ことを挙げているが、集中内観も日常（分散）内観として活用されているうちに集団療法の場が生まれ、日常内観の報告だけでなく、日常生活の中で直面する人間関係にまつわる諸問題への対処の仕方が話し合われるようになってきた。

〈文献〉

　吉本伊信（1983）：内観への招待　朱鷺書房　P.70

　＊事例のKさんは「大和つながりの会」を作ってほしいと声をあげた人であり、言ってみれば、生みの親でもある。今回は夫を伴って、シンポジストとして登壇してくれました。

【第一部】1. 内観療法について

真栄城輝明

〈創始者は吉本伊信〉

　心理療法に限ったことではないが、新しい技法が生まれるとき、そこに創始者と呼ばれる主要な人物が存在する。内観の場合は、吉本伊信（1916〜1988）である。吉本は、大正5（1916）年5月25日に5人兄妹の三男として奈良県大和郡山市にて生れている。のちに僧侶の資格を取得してはいるが、市井の人であり、医学や心理学とは無縁の一民間人であった。奈良県内で最も古い歴史を持つ、県立郡山中学校（いわば一中）に入学しているが、中学2年生の時、肥料商を営んでいた父親の強い勧めに従って農業学校に転校している。けれども、家業の肥料商を継ぐ意思はなく、20歳のとき、実家の2階にて書道教室を開いているが、求道心に導かれるままに、精神修養法としての身調べに情熱を注ぐようになる。伊信の求道心は、妻となったキヌ子夫人の母で子どもの頃は兄嫁の義姉として付き合いがあった森川リウの影響を強く受けたようである。のちに義母となるその森川リウは、内観三昧の生活を送った人として知られ、内観を通して気付いた事柄を大学ノートに書きつけていた。死後にそれが見つかって、内観界では「道のうた」としてよく知られている。それだけでなく、母・ユキエの存在も大きかった。当時は、現代と比べて乳幼児の死亡率が高く、吉本家も例外ではなく、3歳になった一人娘のチエ子が夭折している。大正13年5月12日のことである。その前日の5月11日に弟が生まれている。伊信少年が小学校2年生になった年である。可愛い盛りの娘を亡くした母親は悲しみに打ちひしがれて、毎日のようにお寺に参っていたが、母は息子の伊信を伴って求道、聞法、読経勤行に打ち込んだようだ。その母の姿を伊信少年は傍らで見て育っている。この時の体験こそ「俺はさて何のために生れて来たか？後生は大丈夫か？」を問う姿勢、つまり内面世界の探求、すなわち『内観』に生涯をかけてゆく、という人生を歩むことになった。

〈吉本伊信の宿善開発から内観の普及が始まった〉

　21才のとき、将来の妻の自宅、森川家においてその師、駒谷諦信とその弟子による身調べの指導を受けている。ところが、3日ともたず挫折してしまう。2回目は場所を布施諦観庵に移して指導を受けるが、またもや6日目に挫折した。3度目は意を決して、家人にも内緒で矢田山中の洞窟（マンガン試掘抗跡）にて不眠不休飲まず食わずの単独の身調べを試みるが、身体衰弱で4日目の朝に洞窟から出てきたところを、捜索にきた村人に発見されている。ときは昭和12（1937）年1月5日から8日の出来事である。転迷開悟に至らず、やむなく下山しているが、3度の挫折から約1年弱の時を経て、11月8日に4回目の身調べに挑んでいる。その間に結婚もしていた。ようやく機が熟したのであろう、11月12日午後8時のことであるが、ついに宿願を果たした。その瞬間、「この喜びを世界中の人に伝えたい」という強い想いに駆られている。

〈内観の目的と対象〉

　内観とは、当時20代の青年・吉本伊信が60歳を過ぎた師・駒谷諦信（～ 1945）と共に「身調べ」を下敷きにして開発した自己観察法のことである。何のために「身調べ」（自己観察）を行うかと言えば、悟り（宿善開発・転迷開悟・一念に遇う、とも呼ばれる）を拓くためである。何故の悟りかと言えば、「いかなる境遇にあっても感謝報恩の気持ちで幸せに日暮らしができる、そういう心のすみかに転換するためだ」と吉本はその著『内観への招待』のなかで述べている。つまり、内観は元々仏教の世界で行われていた悟りを拓くための「修行法」として出発しているが、その頃は「内観法」と呼ばれ、人々の悩みの解消を目的としていた。個人的な悩みはもとより、広く人間全般にかかわる悩みをも対象にしていたのである。

〈内観法から内観療法へ〉

　その「内観法」の効果に注目した一人の心理学者が現れた。信州大学の竹内硬教授である。自ら吉本の内観道場を訪ねて内観を体験したあ

と、次のような一文を記している。

「ひるがえって私も、昭和39年6月末から7月にかけて大和郡山の内観道場で集中内観の実習を体験し、その後多くの教え子を派遣して実習させた結果、効果の偉大さに自信を得た。思えば、約30年ほど以前、練成道場長であったり、時には岡山児童相談所長もやり、TPT調査の発案者でもあった私は、心理学研究40年に及ぶのであるが、今日この驚くべき内観法のあることを知り、心から成る賛辞を呈するとともに、この法が多くの人々に活用されんことを念願するものである。」(昭和52年に吉本伊信が自費出版した赤表紙の「内観の道」の本に寄せた『内観とは何か』と題する論文より　原文のまま引用)

　それを機縁に、内観は心理学の分野に広まり、その後、吉本は1968年2月に岡山大学医学部、3月には東京慈恵医科大学、1974年6月に鳥取大学医学部、1978年3月大阪大学医学部など、立て続けに医学の分野から講演に招かれるようになった。以来、心理療法としての内観が発展し、研究されるようになった。1978年には竹元隆洋(精神医学)や三木善彦(臨床心理学)が発起人となって、村瀬孝雄(臨床心理学)を初代会長とする内観学会が設立された。以来、2023年の今日まで第45回を数える大会を開催しており、この間の内観研究の発展には目覚ましいものがある。心の時代の内観は、少なくとも内観学会に見る限り、内観療法一色になった感がある。

〈心理療法としての内観〉

　心理療法としての内観をできるだけ簡潔に説明する必要に迫られて、まとめてみたのが、次の一文である。筆者なりに内観療法の定義を試みたというわけである。

「内観療法とは、悩みや問題の解決のために来所した内観者が、自身も内観を体験し、内観に精通した専門家(面接者)の指導に従って、自己観察を行うことである。その際に、面接者は、部屋の隅に屏風を立てるなどして、可能な限りに刺激を遮断した環境を提供したうえで、内観者が一定の時間、集中的に自己の内に沈潜して、過去から現在に至るまで

の対人関係の中で、自分がどのようなあり方をしていたかを、『して貰ったこと』『して返したこと』『迷惑をかけたこと』という３つの観点から具体的に観照するように見守り、その結果、内観者がこれまでの人生の過程を発見的に振り返り、それを基に現在の生活を幸せに感じて歩むことを援助すること、である。」（真栄城　2014）

　内観では、自由連想法と違って三項目というテーマが設定されている。それを筆者は、「課題連想探索法」と呼んでいる。

〈内観療法の方法〉

　内観は仏教をルーツに生まれてきたこともあって、難行苦行のイメージがつきまとう。体験せずに活字を通して治療構造を知ろうとすると誤ったイメージを抱いてしまうことにもなるが、ここではその点を考慮して、実際の面接風景を示しておいた。静かな部屋の片隅に屏風が立てられて、内観者はその中に籠ることになる。トイレ、入浴以外は、屏風のなかで静かに過ごす。食事も屏風の中でとることになっている。屏風は内観者と外界を遮断するだけでなく、外界から内観者を保護する、というはたらきをしている。内観者は、食事や風呂など、日常生活における一切の雑用から解放されて、自分を見つめることだけに専念できる。

写真１　内観面接の様子　　　写真２　面接前と後のお辞儀　　　写真３　内観面接時の合掌

①行動の制限

　屏風の中では楽な姿勢で過ごしてもよいが、原則として、内観中は屏風の中で過ごさなければならない。面接時には正座の姿勢をとるが、面接が済んだ後は、楽な姿勢で内観を続ける。たとえば、楽坐（らくざ）は、あぐらをかくように座るが、足を組まずに足の裏と裏を密着させるように座る。慣れないと内股の筋肉が痛くなるが、慣れてしまえば苦にならない。あと安坐（あんざ）と呼ばれる座り方は、いわゆる普通のあ

ぐらのことであるが、適宜、左右の足を組み替えると比較的楽である。その他、膝を抱える体操座りでもよいし、足を前に投げ出して座わるのも一向に構わないが、どんな姿勢をとるにしても静かに座るという意味での「静座」を心掛けなければならない。つまり、内観中は静かにすることが求められており、新聞・ラジオ・テレビはもとより、電話などで外界と連絡する事もできない。就寝時は、屏風をたたんで、その場に布団を敷いて休む。同室に他の内観者がいても、お互いの私語は禁止されている。また、内観室は禁煙になっているので、喫煙する人は、屏風を出て用意された喫煙室で吸わなければならない。勿論、飲酒は厳禁である。

②時間的条件

集中内観は、原則として1週間（7泊8日あるいは、6泊7日）で行われているが、研修所によっては、2泊とか3泊の短期内観を受け入れているところもある。その間のスケジュールは、各内観研修所によって若干の差はあるものの、起床の時間は、午前5〜6時の間で、消灯は午後9〜10時の間となっている。面接はおよそ1〜2時間おきに面接者が屏風まで赴いて行われる。そして、1回の面接時間は、内観者やそのときの事情にもよるが、5分前後で済ませ、1日に8〜9回程度の面接が繰り返される。食事は1日3食を面接者が法座（屏風）まで配膳し、終了後は下膳しているが、食事の取り方を把握できるということは、意外に大きな意味をもつことがある。その他、風呂の準備も面接者が担当するので、内観中の内観者は、1分1秒を惜しんで内観を続けることができる。

③課題連想探索法

内観は、自由連想法と違って三項目というテーマが設定されている。それを私は、「課題連想探索法」と呼んでいる。三項目を具体的に示せば、対象者に対する自分自身のことを調べるわけであるが、その際に、たとえば母親に対して自分自身が「してもらったこと」「して返したこと」「迷惑をかけたこと」というふうに、3つの観点からみていくのである。そして、何よりも精神分析における自由連想法による面接との違

いを言えば、以下の点であろう。すなわち、精神分析では頭に浮かんでくることを、批判選択することなしになんでもしゃべることが要求されるが（前田重治 1984）、内観の面接ではしゃべりたくないことはしゃべらなくてもよいのである。内観では、面接から面接の間の自分を見つめている時間が大切なのである。面接者に語ることよりも、自分自身を調べることが強く要請されるのである。

④面接の所作「合掌」について

　カウンセリングなど欧米の心理療法を学んだ面接者（セラピスト）のなかには、内観面接時の「合掌」に抵抗を覚える人が少なくない。それはおそらく、「合掌」が宗教臭を漂わせているからであろう。そもそも合掌とは何なのか？すなわち、「人間はどんな人にも仏性（いのち）が宿っている。仏性というのが宗教的で抵抗があれば、良心あるいは、超自我と言い換えてもよい。たとえ極悪非道な罪を犯した人にでも良心（仏性）というものがある。面接のときの合掌は、内観者の背後に潜んでいるとされる仏性に対する畏敬の念の表れなのである。面接者は心の中で、「私にはこの内観者の悩みを解決したり、病を治したり、救うことはむつかしい、不可能です。なぜならば、私は無力だからです。面接者としての私にできることは、せいぜい内観者の中に潜在している仏性が顕現してくれることを信じて祈ることだけです」と。内観面接時の合掌にはそんな意味合いが含まれている。面接者は、面接の前後に合掌をすることで、内観者の中に潜在する仏性（自己治癒力、あるいは自然治癒力）の顕現を祈っているのである。

〈参考文献〉
真栄城輝明（2014）サイコセラピーとしての内観　秋田巖編　日本の心理療法　pp.3-72
竹内硬（1977）　内観とは何か　吉本伊信著　内観の道　内観研修所発行　pp.1-16
吉本伊信（1983）　内観への招待　朱鷺書房

【第一部】2. 大和内観研修所における

集団療法「大和つながりの会」の紹介

都甲陽子　（東登美ケ丘メンタルヘルス相談室）

【はじめに】

　奈良県大和郡山市にある大和内観研修所では、集中内観体験者のための集団心理療法が行われています。その場は「つながりの会」と名付けられ、2011年4月2日から現在まで12年間、コロナ禍でも休むことなく月1回のペースで続けられてきました。

　本会は会員制で、集中内観後に日常内観をつづけたいと望む人々が参加者となり、グループカウンセリングが行われます。今は正式名称が「大和つながりの会」と変わりましたが、ふだんの活動内容は不変のまま、2020年夏には「100回記念」イベントが行われ、さらに本年初めには「130回記念大会」が開催されるという展開をみせました。記念大会開催を通して会員は、各人各様それぞれに充実感を感じるところまできたように思われます。

　そこで、この機会に本会の活動を広く紹介し、同時に、会員である私たちの今後の学びにつながれば幸いと考えました。私自身は発足当初を知らないため、初期活動について詳細を述べられませんが、参加して9年になる私の目に映った「大和つながりの会」について皆様に紹介したいと思います。会員で臨床心理士でもある私の視点から、その歩みと活動内容について報告いたします。

【発足の経緯】

　当内観研修所・所長である真栄城輝明先生によれば、「大和つながりの会」が発足する契機は、1人の女性内観者（Kさん）との関わりにあったとのことです。

　真栄城（2019、2020）によれば、「心理療法としての内観」を念頭

におきながら臨床をつづけるうち、1週間の集中内観だけで問題が解決することは、実際には難しいこと。日記を用いた日常内観を推奨しながら個人カウンセリングや夫婦・家族カウンセリングを行ってきたが、それにも限界があること。そうした経験の中から、集団心理療法としての「つながりの会」を発足することになったと聞いています。

　具体的には、Kさんから「日常内観を継続したいが一人では継続が難しいので、グループを作ってほしい」との要望があり、また、「内観後にも直面するさまざまな問題を乗り越えるために内観体験者同士で語り合うとともに、内観面接者である真栄城先生からの助言がほしい」という声に応えるために本会を発足したとのことです。

　ちなみに「つながりの会」の名称は、吉本伊信（1983）のいう「電線」の"つながり"を意図してのことであるとか。周知のとおり、吉本は集中内観を電柱に、日常内観を電線にたとえ、「いくら電柱がたくさん立派にあったとしても、電線がなくては電気は流れない」と述べました。日常・分散内観を重んじる吉本の思いを受け継ごうと、名付けられたということになります。

【参加者の心得】

　本会は会員制で、グループカウンセリングが月例会として行われています。定員は12名で、会員はその都度申し込みます。ただしコロナ禍以降は、定員を若干名増やし、オンライン方式やハイブリッド方式(対面＋Skype)に切り替わりました。無断欠席が2回以上続くと、退会者とみなされます。セッションは2時間程度。終了後には約1時間程度の自由懇談が参加者に与えられています。これは対面で行われていたとき、セッションでの余韻を鎮めようと参加者同士が帰り道に、喫茶店や電車の中など公共の場で懇談していることを知った真栄城先生が、会員の秘密保持が破られる危険を回避するために編み出した「アフターセッション」です。それくらい白熱したセッションになることが多く、熱冷ましの時間が必要になるというわけです。オンライン方式になってからは、セッション後にSkypeチャットによる自由懇談が行われています

が、それが数日間続くこともあります。

　セッションでの発言は自由で、質疑応答もできますが、相手を攻撃するような発言や行為は許されません。セッション中は相手を尊重しながら耳を傾け、しかし自分を押し殺さず、自分の意見や考えを主張するよう求められます。すなわち、妥協するのではなく、相手の立場や考えを認めながら協調していく姿勢が求められるということです。

　以上の心得は、集団療法を行っていくうえで重要な約束事であるといえます。この約束事（枠づけ・構造化）によって、各参加者たちは守られると同時に、自由を得て、責任ある主体性・自主性が育まれるよう導かれている、と考えられます。

【活動内容】

　会員数に増減はありますが、おおよそ25人程度。随時入退会があるためメンバーの顔触れは流動的ですが、長く続いている会員もいます。年齢は20代から70代と幅広く、経歴も職業も様々です。学生、主婦、会社員、教員、医師、社会福祉士、カウンセラー、臨床心理士、公認心理師などです。一般の内観体験者ばかりでなく、対人援助職や臨床家も混じっているのが本会の特徴でしょうか。そうした特徴もあってか、本会員の中から学会認定の内観面接士や心理療法士が何人も誕生しています。

　実際の活動内容を述べましょう。例会当日は、まずは各会員の近況報告や自己紹介、および最近に行った日常内観3項目のなかから何らかの報告が推奨されます。次に「今日のテーマ」が募集され、困っている問題や課題が提示されると、それについて皆で話し合うことになります。これまでに話し合われてきたテーマは、親子関係、夫婦関係、過去のトラウマ、怒りの問題など様々で、性被害やDV問題が話題になることもあります。女性の人権問題が話し合われたこともありました。内観に取りくもうとしても、それを妨げる内的抵抗として生じてくる思いや、言葉にならない感情や感覚にも耳を傾け、皆で話し合ってきました。

　このように立場や経歴を超えた対等な関係性のなかで、メンバーが相

互に自己開示し、話し合っていくやり方は、「自助グループ」に似たところがあるといえるでしょう。あるいは、一週間の集中内観が終わったときに行われる「座談会」に似ているかもしれません。そこでは非専門家も専門家も、一人の内観者として、ありのままの自分を開示していくことになります。むろん、話したくないことを話す必要はありません。メンバーの悩みに共感して、対処法を助言し合うことも生じてきます。会員同士のこうした相互交流は、各人の自己理解と他者理解を促すと同時に、複眼的かつ俯瞰的にものごとをみる訓練になっていると思われます。その場に、内観面接者である真栄城先生が、ファシリテーターとして存在していることが参加者全体を支えている、と私は感じています。

【100回記念イベント】

　そうしたなかで2020年夏、100回記念イベントが開催されました。その春に始まったコロナ禍に対応して本会もオンライン方式になりましたが、夏から秋には対面で、4回にわたって「100回記念」が行われました。その年に開催予定であった内観学会札幌大会が延期になったこともあり、会員による研究の模擬的発表や、外部講師による講演、さらには絵本朗読や音楽演奏なども行われ、内容は盛りだくさんでした。作詞作曲された歌も披露され、会場設営や司会進行も含め、会員それぞれが活躍する活気あるイベントになりました。

　この100回記念では内観に関するテーマばかりでなく、その周辺の今日的テーマも取り上げられたことを特記すべきでしょう。元会員の男性はゲイ男性として、性的マイノリティ（LGBT）をめぐる諸問題について講演しました。また元会員女性は、長年DV被害を受けてきた立場から男女のジェンダー論を語り、DV加害者に対する更生教育が社会に必要であるとの講演を行いました。彼らは今では内観から離れましたが、当事者たちの様々な見解は、心理療法としての内観を行っていくうえで大きな学びになると考えられます。

【130回記念大会】

　それから2年半が過ぎ、2023年1月には「130回記念大会」が開催されました。堀井日本内観学会理事長、塚崎事務局長、河合常任理事からの祝辞が当日冒頭に紹介され、記念大会に華を添えました。プログラムは、本会会員が取り組んできた研究成果の発表を中心に体験発表、研究発表、メイン・シンポジウム、音楽演奏とつづきました。

　事前に、そうした予定を聞いていた会員たちは、いわば自然発生的に開催のための準備委員会を立ち上げ、運営プランを練り、いつしか各々が発表原稿執筆にとりかかるという劇的展開を見せました。そして開催当日、会員たちが生み出したパワーとエネルギーは驚くほどのものでした。

　ここでは、座長の一人として私も関わったメイン・シンポジウムの様子をお伝えしましょう。「日常内観は果たして実生活で役に立つのか?」がテーマで、シンポジスト3名、指定発言者2名が登壇し、充実した時間となりました。シンポジストの中には、以前から熱心に日常内観に取り組んでいる会員もいて、聴衆たちの心に感動が生まれていきました。発足当初からの会員であるKさんはシンポジストとして、これまでの苦難の人生と現在の夫婦関係について話し、またSさんは、がん闘病中に内観に出会って救われ、新しい自分として生きてゆく宣言となる話をしてくれました。

　後日談になりますが、シンポジストを初めて体験した女性は、余韻に後押しされて自費出版で本作りを始め、また、これまで楽器を手にしたことがなかった70代女性は、心を動かされて電子ピアノを購入。「鍵盤をたたくと音が出るのが楽しくて仕方ない」と、最近は、月例会のプレセッションとして恒例になっている音楽の時間にそれを持参し演奏してくれました。ちなみに、真栄城先生が作った「内観のうた」は、本会の活動を通して生まれた曲といってよいでしょう。

　このように、記念大会での感動や余韻を数え上げれば紙面が足りないほどです。

【まとめにかえて】

「大和つながりの会」の発足は 12 年前ですが、2011 年 4 月といえば、東日本大震災が発生した翌月にあたります。たまたま発生した地震後の不穏な空気の中、集中内観者たちが集まり第 1 回目が行われたということになります。そのことの重みを、今更ながら感じます。私たちはこの数年、コロナ禍のなかで不安や恐怖、孤独感などをかかえながら生きてきました。この文を書いている現在も、まだ十分に収束したとはいえない状況です。

　内観の目的は、どんな逆境の中でも「幸せ」を感じられるようになることであるといいます。私たち会員は日常内観を続けることで、そうした境地に少しでも近づきたいと願っているわけですが、日常内観の継続は、もとより簡単ではありません。それでも、というより、そうであるからこそ、会員同士が助け合い、支え合いながら歩んでゆくことを望んでいます。本会が末永く続いていくことを祈っています。

【文献】

真栄城輝明他（2019）「集中内観から日常（分散）内観を経て集団療法への展開〜集中内観後の電線をつないでいく試み〜」第 42 回内観学会（長崎）大会抄録集

真栄城輝明（2020）「ある女性の人生を支えるための『内観療法』考〜集中内観から日常内観を経て内観カウンセリング・夫婦カウンセリングに至る 16 年間を振り返って〜」日本内観学会主催第 5 回内観研修会（京都）事例発表資料

吉本伊信（1983）『内観への招待』朱鷺書房

【第二部】第130回記念大会『つながりの会』

── プログラム ──

【日時】2023年1月28日（土）10時〜17時 【会場】大和郡山市民交流館

＜受付開始＞（10：00）

＜開 会＞（10：30〜10：35）

＜総合司会＞：吉本千弦・東幸子

＜挨 拶＞（10：35〜10：40）：真栄城輝明

◆午前の部

【体験発表】（10：40〜11：55）

1.大和優子：「私と内観とつながりの会」

2.崎谷ゆり：「職場での対人関係の構築について」〜つながりの会に支えられて〜

3.武藤貴文：「内観によって得られた家族に対する考え方について」

4.岩本昌幸：「間違っていた今までの自分の考えに気づいて」

5.石合洋子：「無常観からの導き〜内観面接士へ至るまで・・・」

〜昼食休憩50分〜

◆午後の部

【研究発表】（12：45〜14：25）

＜司会＞：酒井ゆり子・佐藤 章世

6.吉本千弦・東幸子：「内観研究の動向分析 第35回〜44回大会まで−形式分析を中心に−」

7.佐藤 章世：「内観セミナーにおける内観抵抗を緩和する試み〜『生い立ちの記録』の導入とその後」

8.前田起代栄：「日常内観としてのEメール内観─縦型内観と横型内観を体験して−」

9.芳川園子：「デイケアにてPSWがオンライン内観の『語り』を聴く─成人発達障碍者の場合─」

10.盧立群：「集中内観における中国人内観者の「迷惑」に対する認知変化プロセス─内観者の語りを手がかりに」

＜質疑応答20分＞

〜休憩5分〜〜

【メイン・シンポジウム】（14：30 〜 16：10）

テーマ：『日常内観は果たして実生活で役に立つのか？』

＜座長＞：都甲　陽子・真栄城輝明

＜シンポジスト＞

11. 海藤規子：「家庭での夫婦関係の改善を考える」

12. 菅田ゆかり：「過去の自分と内観とこれからの人生」

13. 歌川道生：「職場での人間関係を見つめて」

＜指定発言者＞

14. 舟橋正枝：産業カウンセラーの視点から

15. 伊津野巧：心療内科医の視点から

＜討論＞20分

〜〜休憩5分〜〜

【饗宴（シンポジウム）】（16：15 〜 16：50）

テーマ：「やまと内観まつり-natural-　〜やさしさに抱かれて〜」

＜司会＞石合洋子・佐藤章世

＜宴者（奏者）＞

「つながりのうた〜みんなの思いをつないで」「つながりのうた」

16. 石合洋子：「いついつまでも」

17. 佐藤章世　歌川道生　石合洋子：「寂しい朝に」

18. 武藤貴文：「失くしたあとも」

19. 岩本昌幸：「上を向いて歩こう」

20. 合唱（歌川道生・他）：「ふるさと」「千の風になって」

21. 真栄城輝明　真栄城直子：「己がよくみえる」「内観のうた」

【閉会の辞】（16：50 〜 17：00）：真栄城輝明

【閉　　会】（17：00）

【第二部】1. 第130回記念大会　挨拶　（真栄城輝明）

　本日の記念大会に日本内観学会の理事長はじめ常任理事の先生方から祝辞が届いています。

　これには訳がありまして、「大和つながりの会」は日本内観学会大会の場でこれまで共同研究として様々な発表を行ってきました。これらの研究活動が認められて、日本内観学会から研究助成金をいただくことができました。記念大会は、これまでの研究成果を会全体で共有しようという意図で開催することにしました。祝辞は本会の活動を学会が認めてくれた証だと思っています。河合先生の祝辞には人と人のつながりを臨床医として実感された言葉が記されていますが、これは本会のメンバーであれば、強く感じていることだと思います。

　まさに人は人によって癒されることを体験しているからです。プログラムにあるのように、きょうは内観体験者による体験発表から始まって、そのあと研究発表が続きます。

　そして、公開討論会としてのシンポジウム (symposium) を企画しています。テーマは、本会が久しく追窮してきた「日常内観は果たして実生活で役に立つのか？」について話し合うことになっています。さらに、本会らしく「内観と音楽」をプログラムに入れました。余談ですが、大正生まれの吉本伊信先生は、モダンボーイでもありバイオリンを独学で弾いていました。吉本先生が御存命であれば、きっと「内観のうた」と「己がよく見える」を伴奏してくれたと思います。きょうは、代わって私がハーモニカとサンシンを妻が電子ピアノで演奏したいと思います。ご一緒に唄っていただければ、嬉しく思います。第3部の「饗宴」と名付けたシンポジウムは、司会の石合洋子さんと佐藤章世さんが自作の曲も披露してくれるようですが、昨日は歌川道生さんと岩本昌幸さんと共にリハーサルまで行いましたので、ぜひ楽しみにしておいてください。

　それでは、挨拶の制限時間が来ましたので、始めてください。

【第二部】2.「つながりの会」記念大会開催への祝辞

祝辞1　日本内観学会理事長　堀井茂男〈公益財団法人慈圭会　慈圭病院　理事長・名誉院長〉

　大和内観研修所の『つながりの会』130回記念大会おめでとうございます。内観発祥の地である大和郡山での集中内観体験者、啓発活動の会が、長年研鑽を積み重ね、130回を迎えられたことに心よりお祝いのメッセージを送りたいと思います。私は、内観、内観療法は社会的自我を育成するもので、自分自身だけでなく、周囲の人への、社会性を持ったよりよい関係づくりに役立つものと考えています。2023年癸卯（みずのとう）年の幕開けのこの130回記念大会を機に、「つながりの会」の皆様の今後のご発展、社会づくりへの貢献に期待をしたいと思います。

祝辞2　日本内観学会事務局長　塚崎　稔〈医療法人清潮会　三和中央病院　院長〉

　つながりの会の記念大会開催おめでとうございます。当日は、病院の日直業務で参加が叶いませんが、九州から以下のメッセージをお届けいたします。

『令和5年の初頭に「つながりの会」記念大会が開催されますことをお祝い申し上げます。「つながりの会」が130回も回数を重ね、多くのメンバーの方が内観の絆を作り、その輪が広がっていく姿に遠くから応援しておりました。

　この3年間、新型コロナ感染の影響で社会が分断され、人とのつながりが希薄になっています。各地の内観の集いも閉鎖になっているなか、オンラインなどの方法を使って「つながりの会」を地道に継続されておられることは、集中内観を終えた後に内観を継続する上でとても心強いことではないでしょうか。真栄城輝明先生はじめ、大和内観研修所で育った内観体験者の方々のこれからのますますのご健勝と「つながりの会」の発展をお祈りいたしております。』

祝辞3　日本内観学会常任理事　河合啓介 (国立国際医療研究センター国府台病院心療内科)

　つながりの会創設130回の記念大会のご開催を、心よりお慶び申し上げます。この50年の間に、医学はヒトゲノムの解読などにより大きな進歩を遂げましたが、多様性をもつ人の傷ついた心の回復や癒しに、人と人との繋がりが不可欠なのは言うまでもありません。内観はまさにその人のつながり、回復、更には癒しを取り扱っているように思っております。プロクラムを拝見しますと、つながりの会の活動の中に、内観の本質が浮かび上がってきます。本来でしたら、記念大会に馳せ参じるところですが、当日、日本心身医学会地方会と日程が重なっており、誠に残念ながら欠席させていただきます。

　現在、内観学の大御所として活動を牽引される真栄城輝明先生をはじめ、つながりの会の皆様に敬意を表すとともに、益々の貴会のご発展を祈念いたします。

【第二部】3.体験発表

体験発表① 私と内観とつながりの会　大和優子

【はじめに】

　アルコール依存症の父と、共依存の母と、2つ上に頭の良い兄を持つ、ACで発達障害の大和優子と申します。年齢は内緒ですが40歳以上です。

　突然ですが、私は皆さんとの間に大きな壁を持っています。私はその壁を通して皆さんを見ているイメージです。その壁が壊されそうものなら、私は怒りを持って、その壁の修復をするイメージもあります。そうやって、私は自分を守って来たのだと思います。

　私はその壁を何とか取り除きたかったのですが、なかなかできません。しかし、私は面白い事に気が付きました。

【内観のイメージ】

　それは、内観は私の周りに壁があっても、『内観の泉』とつながれるという気持ちになれた事でした。『内観の泉』とは、私を守る壁の下、硬い土のもっと下に、『内観の泉』が広がっているという私の勝手なイメージです。

　内観が深まっている人の話を聞いていると、『内観の泉』から「こっちだよ」って手招きされている感じがします。私はこれまでに集中内観を4回経験しましたが、誰かの話す深い内観に導かれる様に、私も内観が深まったと実感しました。

　なので今日は、少しでも誰かのお役に立てるのなら、なるべく深い内観体験を選んで話したいと思いますので、どうぞよろしくお願い致します。

【集中内観を見つける】

　今から10年程前の2013年、私は初めて吉本伊信先生の集中内観を知りました。吉本先生のプロフィールに、何か取りつかれる様な衝撃を受

けて、私は集中内観を調べまくりました。「ふむふむこりゃなんかすごい人がいたんだなあ」と思いました。

【内観の予約】

　しかし、内観は一週間とか、半畳に籠るとか、7万円とか、どう考えても私には無縁と思いました。ですが、ちょうどその頃、実家に帰省するためのお金が7万円手元にあるし、正月休みに有休を足せば1週間になるって、もしかしたら内観と縁があるのかなあ？と思いました。

　まあ「今回行かなければ一生行かないだろうから、行っとくか」という軽い気持ちで、2014年のお正月に集中内観の予約をするため、大和内観研修所へ連絡をしました。

【内観の入り口】

　大和内観研修所についたら、個室で面接者の真栄城先生と少しレクチャーがありました。レクチャーの最後に「最初の面談までに屏風の中でこの用紙に生い立ちを書いて下さい」という指示を頂きました。

　最初の面談では、用紙に書いた「生い立ち」を読むだけだったのですが、私はほとんど読まない内に、号泣してしまいました。『なぜ私は泣いているんだろう？』自分が用紙に書いた生い立ちを見ながら、真栄城先生に「読めません」と言いました。

【内観が出来ず焦る】

　屏風の中に籠っている間、屏風に貼ってある吉本伊信先生の文字が、私を励ましている様な気がして、文字をひたすら見ていました。不思議に私は、吉本先生に呼ばれて来た様な気持ちになっていました。
「吉本先生、私はいったい何をするんでしょうか？」などと思いながら、内観が始まりました。

　そして、いつの時代の、だれだれに対する自分を調べ『して貰った事』『して返した事』『迷惑をかけた事』を探し始めました。

　しかし、母や父に対する自分は、集中内観に来るより2〜3年前のフ

ラッシュバックを観た時に、自分なりの内観をしていたので、想定内の内観しか出来ませんでした。

　フラッシュバックについては、私にとって初めての内観だったと思うのですが、集中内観とは関係がないのでここでは省きます。とにかく、集中内観1日目と2日目は「本当に私、内観出来るのかなあ？」って心配になっていました。

【中2の頃の兄に対する自分】

　しかし、この時の一番重要な内観は、『中学の頃の兄に対する自分』でした。まさか兄の内観でこんなに苦しくなるとは思っていませんでした。

　私が中2の頃、父が車1台分程度の借金を残して失踪し、母と兄と私は3人で借金取りから逃げる様に引っ越ししました。そして結局、母と兄が借金の返済をする事になりました。兄は16歳で普通高校を定時制に変えて働き始めました。兄は非常に頑張り屋ですから、必死に働いてくれました。

　しかし兄は、ストレスからかお酒を飲むようになりました。そして、兄は私に「お前がいるから働いているんだ」と、毎日の様に酔っぱらっては愚痴りました。それを、内観で観てしまいました。その光景の後ろに、母が向こうで怖い顔をして見ています。母も私に「お前がいるから」と愚痴るので、私は誰にも「助けて」が言えません。この時の私は、物凄く兄と母が怖かったです。「私は何もしてないのに」「私が悪いの？」「私が悪い事したの？」

　だんだん私は人の声が遠くに聞こえる様になったと思います。何を言われても何も感じなくなっていたと思います。それを通り越すと、兄や母を悪者にして、ただひたすら口を開かず、母や兄をだまして、私は自分勝手に生きる様になりました。もうどうなってもいいやと思っていました。息を吸うだけで必死でした。何だったら、どこかの車が私を轢いてくれたら楽なのに。

　―消えて無くなりたい―

第二部　3.体験発表　　29

ふと気付きました。

『私が私を迷惑な存在で、消えて無くなれと思ってる』

　私はこの時、畳に爪を立てて泣きました。

『私がいなければ、兄は働かなくて済んだのかもしれない』

「兄にして貰った事は、働いてくれた事です」

「して返した事はありません」

「迷惑をかけた事は、私の存在です」

　もしも私が兄の立場だったら、兄みたいに定時制へ行きながら、親の借金を返済するために仕事を頑張れるか自信がありません。借金を3年で返済した兄は凄い人です。

【感情の責任を引き受ける】

　私はこの時の内観が、非常に苦しくて、もう次に進みたいと、それ以上向き合う事をやめました。なので『私が私を迷惑な存在で、消えて無くなれと思ってる』という私の感情が、晴れて無くなった訳ではないです。でも、この感情を誰のせいにもしないで、自分の責任として引き受けれた事は大きな進歩だったと思います。

　現在も、どこに行っても、『自分は迷惑な存在ではなかろうか？』と思う事があります。しかし、その癖を知っているのと知らないのでは雲泥の差だと思うのです。そして、まだまだ内観の余地があるので、これからも内観をします。

【日常内観（中学の頃の兄に対する自分）】

　ちょっと話しが前後しますが、ここまでの体験談を書きあげた翌朝（2022年10月1日）の話しをさせて下さい。

　翌朝、私はベッドに入ったまま『中学の頃の兄に対する自分』を調べていました。

『迷惑をかけた事』は、私が自分の気持ちを言わず兄を無視した形のまま兄から逃げてしまい、子供なのに大人の中で必死に働いて歯を食いしばっている兄に、寂しい思いをさせてしまった事です。「お前のために働いているんだ」という言葉は、「血のつながった妹が何より大事だから、俺は今頑張れるんだ。」と言っている様に思いました。そして、その感情を味わっていたら、ふと、

「『して返した事』は、私の存在です」

と、思いました。
　涙が沢山出ました。物凄く嬉しい涙でした。
　この内観をするために、つながりの会で体験談を発表するための原稿を書く事になったんだと思いました。本当にありがとうございます。

【お礼】
　この時の集中内観を私は一生忘れる事が出来ないと思います。
　屏風が私を守ってくれた。もし自宅でこの時のフラッシュバックを観たら、私は自分を消し去りたい思いに、耐えられたか分かりません
　集中内観に関わって下さっている皆様、本当にありがとうございます。

【私とつながりの会】
　次に、私とつながりの会について、話したいと思います。
　つながりの会は、日常内観を一人で継続する事が難しいので、集中内観経験者で集まって、日常内観をして行きましょうという会です。
　メンバーさんそれぞれの思いは、面接士、研究者、内観体験者で違うかもしれませんが、皆で内観の泉へ行きたいというパワーがある会だと思います。内観の泉にたどり着いているかどうかは別として、私はそのパワーが好きです。
　なぜ、『内観の泉にたどり着いているかどうかは別として』と申したかというと、集中内観の後は心が素直で、内観ホヤホヤのぬくもりがあ

るのですが、時間と共に冷めて行くからです。しかし、私は内観の泉に行きたい。人と繋がりたい。素直でありたいのです。つながりの会のメンバーは集中内観の経験者ですから、思い方は違っても、心の底では『内観の泉へどうやったら行けるのか？』を考えている人達だと思うのです。なので、私はつながりの会へ参加しています。

　それから、私にとってつながりの会は、居場所です。私はコミュニケーションに問題があります。一般の社会では、私が話すと問題が起こるので、『何も話さない』という選択をしていました。しかし、6年程前に発達障害を認めてから、その話さない事も問題だと思う様になりました。

　私は嫌な事があると、すぐに逃げてしまう癖があります。あまりに自分を優先して逃げてばかりいると、行ける所が無くなりました。これじゃ困ると思って、精神科の先生に相談して、デイケアに行き始めました。デイケアでも色々と問題がありましたが、「やめるのはいつでも出来る、ここをやめたら行ける所が本当に無くなる」と思って、必死にしがみつきました。そして、デイケアでは、自分の特性を認める作業とか、気持ちに気付いて伝える事とか、言い方伝え方とかを、スタッフさんと確認してきました。今ではデイケアが私にとって安心安全の毎日通う居場所となりました。

　デイケアが居場所となった頃、つながりの会に参加する様になりました。幸い、つながりの会には心理士さんや支援職の方が多くいらっしゃいますので、私にとって、とてもいい環境でした。デイケア以外の人がいる場所で、自分の気持ちをどう伝えたらいいのか、試行錯誤でした。

　つながりの会でも色々やらかしてますが、つながりの会に2年くらい所属させて頂いております。私にとって、つながりの会は、社会復帰の最初の一歩であり、日常内観をするための仲間がいる居場所だなあと思います。

【薬の話】

　最後に薬についての補足ですが、私はASDなので発達障害の薬はあ

りませんし、あってもきっと怖いので飲みません。精神薬も、理由は一つじゃありませんが、怖くて飲んだ事がありません。

　実は2021年2月と、2022年2月に、異常な怒りに狂い、精神薬を飲もうかと思った事がありましたが、やっぱり精神薬が怖かったので、どちらの時も精神薬は飲まず、集中内観に駆け込みました。

　そして驚くのは、2021年と2022年のどちらの時も、集中内観に来る前にあった問題が、集中内観後には問題ではなくなっていたのです。『内観は副作用の無い精神薬だ』と思いました。

　今日は時間に限りがあるのでお話し出来ませんが、いつかその体験談も発表出来たらいいなと思います。

【終わり】

　これで私の話は終わりなのですが、私は他の方の内観体験談を聞くと、自分の中から湧いて来る何かを感じる事がありました。私は自分の中から湧いて来た何かを、良くも悪くもその何かしらの感情を大事にしました。なので、皆さんも私の話は忘れてもいいので、自分の中から湧いて来た何かを大事にして欲しいと、私は思います。

　長い話を聞いて下さり、ありがとうございました。

体験発表② 『職場での対人関係の構築について』
～つながりの会に支えられて～　崎谷ゆり

　日常内観について吉本伊信先生はこう語ってらっしゃいます。「集中内観を仮に電信柱に例えるならば、日常内観は電線ということになる。電線がなくては電気が流れないのであってナンセンスで、逆に電線だけで、電柱がないのも電線がたるんで困る。少なくとも、半年か一年に一度、おさらいのために、集中内観が必要となってくるはずである」と両者の重要性を指摘しています。しかし集中内観後の認知の変容や気付きを維持し、日常内観を継続出来ているという声はあまり聞こえてきません。集中内観の非日常的な環境と、日常内観の目まぐるしい環境との大きな乖離が、日常内観の継続を困難にする要因の一つではないかと思われます。

　私にとっての日常内観とは月1回のつながりの場であり、日常に流されてしまうさまざまな問題と向き合う、貴重な時間となっています。一人で考え抱え込み、凝り固まってしまい解けなくなってしまっている思考をつながりの場で吐露することで、自身の考えも整理され、みなさんの助言を聞き、一つ一つ糸口を見つけ、少しづつ解くことができています。その有難い結果を、拙い私の体験発表として、ご報告させていただけることを、心から感謝申し上げます。

　先ず、私の職場環境についてご説明させて頂きたいと思います。少人数で市役所の施設の管理をしています。それぞれの仕事の担当はありながらも曖昧な事も多くシステムとして決められてはいません。4月から上司が変わり今まで担当していなかった業務を押し付けられたと感じました。これは私の仕事ではないと感じながらも心の中で煮え切らない思いを抱え、業務をこなしていました。上司に伝えることが出来たのが、約1ヶ月後となります。伝え方や受け取り方によっては、その後の人間関係に大きく影響することになり慎重に進めていく必要がありました。少人数なので、一旦関係が悪くなると業務に大きな支障が生じます。心の葛藤の変化、意識した事柄、実際の行動、つながりの会の助言を時系

列でお話ししていきたいと思います。

　心の中でわだかまりを抱えながら、先ず初めにした事は、気持ちの整理です。ノートに思いを綴り、まとめていきました。「なぜ心の反発が起きたのか」「何を解決したいのか」「私の我儘ではないのか」「本当に言うべき事なのか」「もし言うならばどう伝えるのか」と同時に仕事では、信頼まではいかずとも、信用してもらえるよう、努めました。お互いが信用し信頼していなければ対人関係の構築はとても難しくなります。信用、信頼関係が構築できていれば、問題は問題ではなくなります。物事の善悪よりも、人はいかに信頼できるかを判断の基準にしていると思うからです。

　又、上司への内観も行いました。お世話になっていることが多くお返しできていない事も多くありました。上司から見た私は、果たして、誠意ある態度で、あっただろうか。答えは否です。仕事を押し付けられたと、感じた私は「仕事って皆で協力するものですよね」と嫌味という形で自分の不満を相手に投げつけました。意識して嫌味を発したのは初めてで、今までは、何も言わずに、飲み込んでいたのです。嫌味というものは私にとって、言いたいことがはっきり言えない時に、出て来るものだと今回、解りました。

　次に、心掛けたことは、日々の小さな思いを伝えることです。仕事での言いにくい事柄ではなく、ふと、よぎった小さな思い、相手に対していいと思えた所と違うと思う所。いいと思えた所はより意識して、具体的に繰り返し伝えます。違うと思う所は相手に伝えなければ消える事はなく、その一つ一つは例え小さくても、降り積もると雪のようにかさ高く崩れてしまいます。小さなその想いは、伝えることで、薄まり消えていくように感じるのです。

　次に行動したのは、動線について考え、調整した事です。相手に協力

して欲しい事を伝える前に、し易い動線であるのか、し易い環境であるのかを考えました。スムーズに進める事が出来るよう工夫し配置や手引き書の内容を考えました。

　助言を聞くためと自身の考えをまとめる為に、仕事仲間、友人、つながりの皆さまに相談をしました。自らの想いだけでは、堂々巡りをしてしまうので、新たな視点、違った発想、それぞれの捉え方、を提案していただけると思いました。仕事仲間からは、仕事内容について私が担当すべきかどうかを意見して頂き、友人からは客観的な視点から意見を頂きました。つながりの会の皆さまからも様々な意見を頂きました。その中で「陰徳を積む、心持ちで仕事をするのはどうでしょうか」と仰って頂きました。私もこの心持ちの方が相手に伝える必要がなく、ある意味、楽であり選択肢の大きな一つとなっていました。しかし、又別の方の意見では、「役所に伝え、システムとして提案してみてはどうでしょうか」という意見も頂きました。この意見に関しては「言ってもいいんだ」と少し驚きました。私は機能不全家庭に育ち、父の暴言に母は黙り翌日は何事もなかった様に母は父のお弁当を作っていました。黙ることが私にとって自然だったのです。でも変わらなければならないと思いました。そして、他の方からは「同僚と協力し、上司に相談をしてみてはどうでしょうか」という意見も頂きました。同僚に連絡を取り、協力体制をとった上で、上司には、意見というよりも、お願いというよりも相談という形をより意識して、言葉を一つ一つ選び、Ｉメッセージで伝えることが出来ました。

　又、「両親への内観をしてみてはどうでしょうか」という意見も頂きました。この意見は内観の集まりだからこその発想ですが、私は、両親への内観が、あまり出来ておらず改めて深める機会となりました。父に対して、私はいつも事後報告をしていた事に気付きました。父は何かが起きると動揺し、怒るという形で不安を表現します。その反応に動揺するのが嫌な私は、いつも相談せずに決まった後に報告していました。海外へ行くときも、大阪を離れる時も、父からしたら相談もせずに勝手に

決めて、と悲しい思いをしていたと思います。決める前に、相談しようと思いました。母に対しては、お世話になりっぱなしで何も返せず心配ばかりかけています。唯一母にお返しできることがあるとすれば、それは私自身が一歩踏み出し自分を変えていくこと、そしてその姿を見て母は何かを感じてくれるのだと思います。母と私は思考が似ています。何かが起きた時の反応も対応も。だからこそ片方の変化で影響され易いと思うのです。私は私であることに真剣に向き合う事が母にお返しできる事なのではないかと感じました。

　又「なぜ、言えないの？」と問われました。それはきっと断られることが恐いからです。傷つくのが恐いのです。だから言えない。しかし相手にも断る権利があります。断られる事に恐がっているという事は、相手の自由を認めたくない。私の頼み事は聞いてしかるべきと思っているのだと気付きました。私の投げたボールを相手がどうするかは、私の決めることではないのです。そのことを、つながりの仲間から教えてもらった、「ゲシュタルトの祈り」の一文から気付かせて頂きました。「私は何もあなたの期待に沿うために、この世に生きているわけじゃない。そしてあなたも私の期待に沿うために、この世にいるわけじゃない。」

　断られる事もあるということ、その上で自分の意志も伝えるということ、断られても伝える必要があるのなら、再トライする勇気が私には必要なのだと思います。

「言ってくれたら嬉しい」という意見も頂きました。私の上司からは言ってくれて嬉しいとは言われませんでしたが、でも私が自分の思いを伝えずに悶々とし、相手に勝手に敵対心を抱くことは、相手からしてみれば、迷惑なのだと思います。

「パワハラについて、話しているのでは、ないですか？」との意見も頂きました。確かにその要素はあると思います。ただ私が上司の立場であった時も、部下から仕事を押し付けられた事があるので、多分私自身の問題なのだと気付きました。

　その他沢山の助言をいただいて、自分の中のみでは導き出せなかった

貴重な考えを、つながりの会の皆様から教えて頂きました。そして、その翌日から数回に渡り2人の上司に相談し協力を仰ぐことで、おおむね問題は解決しました。そのおかげで、上司との関係も良好で、気持ちよく毎日を過ごす事ができています。まだ気になる事はありますが、やはり人は変えられないのだと思いました。最善を尽くした後で、この先は「陰徳を積む」という心持ちで、現在、業務をこなしています。

　集中内観を終えた後も、日常では様々な問題が降りかかります。その大部分は人間関係だと思います。その時に悩みを共有できる場所があるということは、とても心強く、代替の効かない貴重な存在であると痛感しています。このつながりの会の様な集まりが、各地に集い集中内観と日常内観を繋げるような存在となりますよう祈念いたします。

　私の体験発表は以上です。ご清聴ありがとうございました。

体験発表③ 間違っていた今までの自分の考えに気づいて　岩本昌幸

　52歳、会社員です。結婚して15年になる妻と、中学1年生の娘と猫3匹の家族です。1年前の2021年から2022年の年越しに大和内観研修所にお世話になりました。

　私は、内観というものは、まったく知りませんでした。内観するきっかけは、ある先生のススメでした。

　結婚してから、今思うと、妻に対する不誠実な生活を続けていました。おかしいのは妻や周りの人で、自分がおかしいと疑うこともなく、ただ自分は間違っていないと思い過ごしていました。その中で、当時勤務していた会社での約7年間の横領が発覚しました。示談しましたが、新しい職を探し、借金を返済しながら、家族は3人で生活を続けていくことになりました。

　妻や妻の両親から、私が50歳の大人の常識として、両親や妻と娘のことを考えるとできないはずの行動をとること（お金に関する不祥事は別の会社でのことも含めて2回目であったこと）から、私が悪いことを悪いと思わず人の立場や気持ちになって考えられないのは、何か心の病などの病気ではないかと言われ、心療内科に行くことを勧められ、2021年5月に地元、京田辺市にある五十嵐こころのクリニックへ行くことになりました。

　その時、五十嵐院長先生が対応してくれ、自分の状況を話すと、五十嵐先生は、「ここの病院は、あなたに治療したり薬を処方したり、できるところではありません。しかし、あなたには今すぐ、行った方がいいところがあります。大和内観研修所というところです。（その先生も内観経験者でした。）7日間ひたすら、自問自答をします。何日目かには、自然と涙が流れてくるくらい心が洗われてきます。私もそろそろ行きたいと思っているところなんです。寝泊まりするところは快適で、ご飯も美味しいので、自問自答に集中できる、いいところですよ。」とお話ししてくれて、診察は終わりました。帰ってすぐ、大和内観研修所というものを調べました。

一週間の宿泊、日曜から土曜
起床5時　5時半から面接　面接は夜9時まで、2時間おきに行う
トイレ、入浴以外は席を外せない。
対人緊張、対人不安、対人恐怖、神経症、心身症、うつ病などの心の病、
薬物、アルコール依存
面接者は、自問自答の答えの結果を聞くのみ
徹底した自問自答により見つめ直す

　とありました。
　その時は、お寺で修行をするようなものかと思っていただけでした。
仕事をしながら、7日間かと思いながら、なかなか難しいかなぁと思っ
て過ごしていましたが、日々、真面目に生活しているようなだけでは、
妻や、妻の両親に認めてもらえる状況ではありませんでしたので、何か
今までと違うことをする必要がありました。ほかにも、犯罪再発防止施
設なども調べて、問い合わせをしたりしていましたが、あまりこれだと
いうものがなく、その夏頃に、「年末年始の休暇を利用して、行ってく
れば」と妻が言ってくれたので、9月に大和内観研修所へ問い合わせの
電話をしました。行ける日は、日曜から土曜ではなかったのですが、空
きを確認して、休みに合わせてかまわないと言ってくれてたので、12
月29日から1月4日まで、お世話になることに決めました。年末年始
休暇をすべて費やすことになり、結婚して、初めて年末年始に妻とは別
で年越すことになりました。
　内観することを決めてから、休みと費用をかけて行くので、本当に変
わらないといけないという気持ちと、まずは新しい行動を起こしたから
いいかという甘えた気持ちが交互に頭の中を巡っていました。ただ、年
末行くまでの間、内観のことをこんなに奥深いものと考えていなかった
ので、何も調べることもなく、全く予備知識なしで、内観する日を迎え
ることになりました。
　大和内観研修所について、携帯電話の電源を切り、ロッカーに入れた

時に、家族との連絡や仕事から切り離され一週間過ごすのかと、とても不思議な感覚になりました。内観の初めは、自分の生立ちを調べました。50年もあり、あまり時系列で物事を覚えていないので、メモをとりながら、年代別に調べました。3日目までかかりました。このことで、内観し、面接するリズムがとれたと思います。

　屏風の中は、すべての情報から遮断され、床暖も心地よく、紹介してくれた先生から聞いていた以上に出てくる食事もおいしかったです。入所時にあったアンケートで、断食にも対応するとあったので、少し挑戦が過りましたが、食事の量は、ふつうでスタートしました。食欲がわいたので、ご飯の大盛りは我慢して、お汁物のお椀を大きくして貰いました。断食しなくて良かったです。

　私には、3日目の苦しみはありませんでした。内観にはいり、50年分、母から調べました。内観では、母に関しては、忘れかけていた思い出が出てくるだけでした。何一つ嫌なことを思い出すことはありませんでした。父も同様に50年分、子供の頃、遊んでもらっていない、単身赴任時期もあり、多感な時期に一緒にいない、予備校学力テストの送り迎えはしてくれた、などが思い出されました。

　内観中、唯一の質問を、父が尊敬できないと、真栄城先生にしました。「どのようなお父さんですか」と、聞き返され、「真面目、ギャンブルしない、女遊びしない、酒飲まない、タバコ吸わない」と答えました。先生は、穏やかに、「お父さんと違うものを目指したので、あなたはそのようなことをしたのですね」と言われ、一瞬で情けなくなりました。自分のものさしがおかしかったことの最初の気づきでした。

　妻については、結婚10年前に2年付き合っていたこと、ふたたび付き合った2年と結婚14年を調べました。結婚生活では不仲であったこと、たくさん出てきました。口論で言われたこと、終わったと思っていたことを口論のたびに繰り返し言われたこと、娘が泣いてまで止めてきたのに、振り払って妻と口論を続けたこと、話し合っても、無駄だと思い、接点を減らそうとしてきたこと。そんな中で、途中で、「あれ？妻の言っていることの方が正しかったかも。いろいろ、たくさん言ってい

たことは、一緒にやっていくための思いを一生懸命伝えていたのかな。」
と、妻の姿勢は一貫して変わっていないことに気づきました。なかなか
の衝撃でした。

　娘については、12年調べました。自分ではとても可愛がっているつ
もりでした。休みの日は外で全力で遊ぶ、幼稚園の週3も弁当を作る、
参観は全部行くことで、やっていたと思い込んでいました。平日は、妻
と娘が起きる前に出勤し、夜は、寝てから帰宅することを続けていたの
で、娘は日曜の夜に、「じゃ、次の日曜に、おやすみ。」と言って寝てい
ました。娘の思いを考えることは全くできてなく、涙が出てきました。
内観で自分のやっていたことは、全然足りなく、自分本位でやっていた
だけだったと気づき、また情けなくなりました。

　4人に対してひと通り調べたところ、残りの内観する時間では、直近
数年の、妻と娘に対して調べました。

　内観中、自分が間違っていたことについて、気づいたところから、急
にいろんなことが腑に落ち、納得できました。この感覚は初めてのこと
でした。自分が間違っているなんて、これっぽっちも思っていなかった
からです。このことが、この内観で気づけた大きなことでした。

　内観後の座談会で、真栄城先生より、「あなたは人として考える型が
まだできていない。これから型を作っていかなくてはいけません。その
ためには家族の協力が必要です。」と言ってくださり、ファミリーカウ
ンセリングを提案されました。また、同じ内観経験者で作られた会が月
一回開催されているので、それに参加してみればと、誘ってくれました。

　内観で大きな考えを変えるきっかけをもらい、その後の妻との話合
い、娘との関わり方、ファミリーカウンセリングで、あがったり下がっ
たりはありますが、家族3人仲良く前向きに暮らすことができています。

　参加して、1年が過ぎた、つながりの会も毎回、いろんなことを考え
る機会を下さりとてもいい刺激になっています。偶然が重なり、出会っ
た内観が本当に人生を変えてれました。

体験発表④ 無常観に導かれて〜内観面接士にいたるまで

大和内観研修所研究員　石合洋子

　私は6年前、当時中学2年生だった息子とともに集中内観と初めて出会いました。その頃は自分が内観面接士を目指す、はたまた内観面接士になるなんて、夢のまた夢で 遥か遠い世界のことと思っていました。

　私の実父は、今から15年前に突然亡くなりました。亡くなる当日も元気で、あれやこれやと普段通りに会話をしていたのに。まさか……こんなことってあるのだ……父の死を通して、本当にその時は一度きり、その瞬間はその瞬間だけ……これを学びました。そして、父の死から私の中で「無常観」という言葉に対して意識をするようになりましたが、コロナからこちら、世の中の流れが大きく変わるのを肌で感じずにはいられない日々を過ごしている中で、「無常観」という言葉が、頭の中をぐるぐると巡るようになりました。

「無常観」とは、この世に存在するありとあらゆるものは儚くも虚しいものである、という考え方や見方を表現する言葉として用いられます。この世の物や現象はとどまることなく生滅して、常に移り変わっているということを意識せずにはいられなくなりました。だからこそ「内観面接士を少しでも早く取得出来たら……」と想うようになり「今のこの想いを大事にしたい……今の状態はずっとは続かない、動ける今を大事にしたい……内観面接士の研修を受けるなら今だ！今やらなきゃいつやる？いつどうなるかわからない、この状態はいつまでも続かない！」そのままの想いを主人と子どもたちに伝えました。そして、仕事の休みを取りやすい夏季休暇中に研修を受けることを決めました。

　内観面接士のための研修は、昨年の沖縄での日本内観学会で、真栄城先生が「大和の認定の資格を取るのは難しいんです。」と言われた通りで、私にとっては大変厳しく難しかったです。この言葉を刷り込まれてしまった訳ではなく、未熟なまま実践させていただくことの申し訳なさに加え、自分自身の心と真摯に向き合う時間はとても尊いものでした。

　研修中は、内観面接の陪席をさせていただきながら、一言も漏らさま

いと必死でした。

　陪席の回数を重ねながら、マニュアルでは到底ありえない内観面接士としての大切なものが見えてきました。そのベースとなるのは共感力であり、内観者の語ることをしっかりと聴くこと、内観者の様子を（身の回りの状態も含め）しっかりと観ること（観察すること）、そして、内観者の内観が進むように祈ること……。実際に、目の前で見て、肌でも感じさせていただきましたが、内観の日にちが重なり内観も進んでくると、内観者の方のお辞儀の仕方に変化が現れるのを感じました。屏風の向こう側の内観者の方が木彫りの菩薩様に見えた瞬間もありました。

　それから、研修中に夢は色々見たのですが、そのなかでも特に印象強く残ったもの２つについて、お話ししたいと思います。
　タイトルは「あんたどこからきたんかね？」と「薬をあげようか？」です。
　まず、１つ目の「あんたどこからきたんかね？」の夢は、おばぁのような雰囲気の同じような着物を着たおばあさんに、外で腰かけて座っているいわば、井戸端会議のような所で、言われました。真栄城先生に夢の報告をすると「おばぁは、あの世とこの世をつなぐ大切な存在で一家の色々な取り決め事も、おばぁが行う。かつての琉球王朝にもノロという存在がいた。おばぁは神の声を聴き、伝えていく存在、セラピストである。」と教えていただきました。研修初日に見た夢で、おばぁが私に問いかけてくれたことは、この一週間のスタートにあたり、私自身をおばぁの仲間の世界へ寄せていただけたのか？前日のオリエンテーションの際に仏性という言葉を先生から伺い、私の中にすっと入りこんだためかもしれない……仏性・祈り・スピリチュアルな世界を沢山五感で感じ、体得して帰りたいと思いました。
　２つ目の夢は、着物を着たおじいさんが「薬をあげようか」と声をかけてくれた夢でした。真栄城先生に夢の報告をすると「そのおじいさんは、あなたの亡くなったおじいさんではないですか？」と先生から言われてハッとしました。なぜなら、私に音楽を初めて触れさせてくれたの

は祖父だ……と想われるようなエピソードを母から聞いたことを思い出したからです。その当時、行商の人が天井から吊るすクルクルまわるオルゴールを売りに来ていて、足が悪かった祖父は、自分で買いに行けないので「洋子に買ってやってほしい。」とお金を渡し母に頼んだそうです。それから「じいちゃんがこうてくれたオルゴールメリーが洋子はお気に入りでクルクルまわるのをほーほーと声をだしてじーっとみよったら機嫌がよくてねえ。」父が話してくれていたことも思い出しました。今思えば、私の一番最初の音との出会いは、そのオルゴールだったのではないかと思います。

　そして、真栄城先生との会話から「私は、祖父から薬音をいただいていたのだ……」と気付きました。私の音楽のルーツは祖父からのあたたかな想い・愛……そのオルゴールメリーからだったのだとわかり、いただいた賜物を感じ温かなもので包まれた気持ちで満たされ、大切にしたい想いと、なにか新しい扉が開くようなそのような想いを感じました。

　そして、内観面接の陪席の回数が重なってきたときに、先生から面接をしてみますか？と声をかけていただいたのですが、その時、面接者と内観者の間に信頼関係が結ばれてきていたことを感じていたことに加え、自分の中に自信の無さと怖さがみえ……葛藤した結果、2回の機会をいただくことになってしまいました。

　2回目では、今度こそ！という強い想いで臨みました。真栄城先生はじめ、奥様、吉本先生、職場の方々、共に学ぶ仲間、そしてなんといっても主人と子どもたち……これだけ沢山の人の想い、支えをいただきながら来させていただいているのだから……と想うとなんとしてでも……の想いが強くなりました。初めて内観面接をさせていただいた時は緊張してしまい、お辞儀の回数も間違えるという頓珍漢をしてしまいました。

　更に、面接を重ねていくと自分自身の癖が出てくることもわかりました。

　このどうしようもない自分自身の「我」が随所で出ていることにも気付きました。

内観者の問題であるのにもかかわらず、あろうことか自身の問題として重ねてしまうところが見え、内観面接の際に内観者に対して、誘導したい想いと格闘することもありました。

　今後、研鑽を積み重ねてひとつひとつ脱ぎ捨てていきたいと思います。

　そして改めて、その時その時の面接は一度きりでその時だけ。無常観をもちつつ面接に臨むことの大切さを感じました。

　内観面接・陪席をさせていただきながら、自分自身の内観も重ねていくと、頭痛を発症してしまいました。屏風に籠りつつ、左脳と右脳のバランスをとるために、内観者の方の言葉・エピソードから言葉をつなげ、作詞を始めました。そこに私自身の過去の出来事も投影して心の奥底で共鳴した想いを言葉にしてメロディーにのせました。ある内観者の方の心の内が見えた気がして書きたくなったことがきっかけです。

　そして出来上がったのが「いついつまでも」という曲です。集中内観後の座談会で、内観者の方に聴いていただく機会がもてました。

　この曲は、後ほどの「饗宴 音楽の部」でご披露させていただきます。

「いついつまでも」

　あの時2人出逢って ここまで来たね　過ぎた時間は 長いけど

　どれだけ おんなじ時間 一緒だったかな

　君の笑顔　あなたの優しさ　ときどき モノクロになる

　だから ギュッとしてね　いつも ギュッとしてね　ゆめでギュッとしてね

　いついつまでも

　これから　2人歩いて　どこまで行こう　重ねる時間　限りあるから

　どれだけ　2人の彩り　重ねていけるかな

　君の笑顔　あなたの優しさ　セピア色の輝き増して

　だから ギュッとしてね　いつも ギュッとしてね　ゆめでギュッとしてね

　いついつまでも

　だから　ギュッとしてね いつも ギュッとしてね　ゆめでギュッとしてね

　いついつまでも

この度の研修で、「いついつまでも」に加えて、「まあるいまあるい」「ばあばのごはん」「まほうのことば」などの曲が生まれました。内観にまつわる曲集も発表したいと思っているところです。

　私が内観面接士として、これから内観を知らない人々（特に若い世代）に「内観」を身近に感じられるものを生み出し、私がこれまで音楽をしてきたことは祖父からいただいた賜物（音霊・薬霊・そして言霊）だと気付けたからこそ、内観と音楽を融合させた「カタチ」を確立したいと思います。

　最後まで、ご清聴いただきまして有難うございました。

【第二部】 4. 研究発表

研究発表① 日本内観学会における「内観研究」の動向分析
—形式分析を中心に—（第35回から第44回大会）
吉本千弦、東　幸子、真栄城輝明　（大和内観研修所）

Ⅰ．目的

　日本内観学会大会は1978年に第1回を開催して以来、2020年のコロナ禍による中止を除き毎年開催され、2022年には第44回大会を迎えた。この間に報告された内観研究（一般演題）の総数は824件に及ぶ。これらの研究の動向分析を、真栄城は第一回から27回大会まで[1][2]、辻田らは第28回から34回大会まで[3]、形式・内容両側面から調査し報告している。本研究はその後、第35回〜第44回大会までの10年間の続報であり、主に形式面における分析を行った。継続的に「内観研究」の動向を調査分析することにより、日本内観学会の課題と展望を明らかにし、今後の内観研究の発展を促すことを目的とする。

Ⅱ．方法

　大会抄録集を基に、第35回から第44回大会までの一般演題の報告数、報告者数、各報告者の所属の内訳を調査した。所属の内訳は、辻田らに倣い[3]、内観研修所、病院・クリニック、大学・大学院、学校教育、産業、宗教、福祉、矯正・警察、相談室、その他の11種類のカテゴリーに分類した。今回は単独研究と共同研究の件数も調査した。これらの値と第1回〜34回大会までの値と比較し考察した。

Ⅲ．結果
1．報告数の推移

　第35回大会から第44回大会までの報告数の平均値と標準偏差は、M=19.1（件）、SD=6.9であった。第1回大会から第34回大会の値と比較したところ、0.5件（2.6%）増加していた。全大会の報告数の推移

48

を図1に示し、第35回大会から第44回大会までを枠で囲んで示す。

2．単独研究と共同研究の報告数の推移

　第35回大会から第44回大会までの単独研究数と共同研究数の平均値と標準偏差は、単独研究がM＝7.0（件）、SD ＝5.5、共同研究がM＝12.1（件）、SD＝3.8であった。第1回大会から第34回大会の値と比較したところ、単独研究が3.1件（30.7％）減少し、共同研究が3.6件（42.6％）増加していた。1件当たりの共著者数は、2.4人であり、0.2人（9％）増加していた。

図1

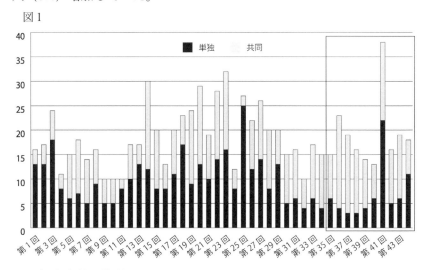

3．報告者数の推移

　報告者数の平均値と標準偏差は、M＝45.8（人）、SD＝14.3、（男性M＝23.6（人）、SD＝6.0／女性M＝22.2（人）、SD＝9.5）であり、第1回大会から第34回大会の値（M＝40.9（人）、SD＝19.8（男性M＝28.1（人）、SD＝12.9／女性M＝12.7（人）、SD＝8.4）と比較したところ、4.9人（12.0％）増加していた。また男性の報告者数は、4.5人（16.0％）減少し、女性は9.5人（74.8％）増加しており、女性の報告者数が大幅に増え男女の平均値の差は、1.4人となった。全大会の男女別報告者数の推移を図2に示し、第35回から第44回までを枠で囲ん

で示した。また大会毎の報告者数及び男女別報告者数を表2に示す。

図2

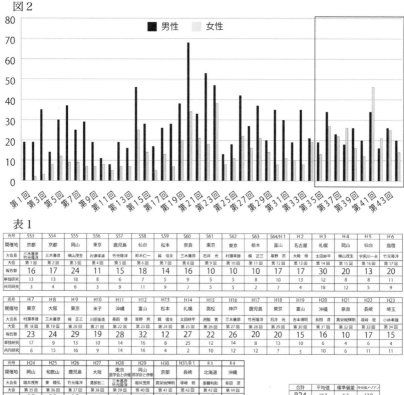

凡例: ■ 男性　□ 女性

（横軸：第1回、第3回、第5回、第7回、第9回、第11回、第13回、第15回、第17回、第19回、第21回、第23回、第25回、第27回、第29回、第31回、第33回、第35回、第37回、第39回、第41回、第43回）

表1

元号	S53	S54	S55	S56	S57	S58	S59	S60	S61	S62	S63	S64/H1	H2	H3	H4	H5	H6
開催地	京都	京都	岡山	東京	鹿児島	仙台	松本	奈良	東京	東京	栃木	富山	名古屋	札幌	岡山	仙台	指宿
大会長	三木善彦/竹元隆洋		三木善彦	横山茂生	村瀬孝雄	竹元隆洋	鈴木仁一	巽 信夫	三木善彦	石川 光	村瀬孝雄	楠 正三	草野 亮	大崎 修	太田幹平	宇田川一夫	竹元隆洋
大会	第1回	第2回	第3回	第4回	第5回	第6回	第7回	第8回	第9回	第10回	第11回	第12回	第13回	第14回	第15回	第16回	第17回
報告数	16	17	24	11	15	18	14	10	10	10	10	17	17	30	20	13	20
単独研究	13	13	18	8	6	7	5	9	5	5	8	10	13	12	8	8	11
共同研究	3	4	6	3	9	11	9	7	5	5	2	7	4	18	12	5	9

元号	H7	H8	H9	H10	H11	H12	H13	H14	H15	H16	H17	H18	H19	H20	H21	H22	H23
開催地	東京	大阪	東京	米子	沖縄	富山	松本	札幌	高松	神戸	鹿児島	東京	富山	沖縄	奈良	長崎	埼玉
大会長	村瀬孝雄	三木善彦	楠 正三	川原隆造	長田 清	草野 亮	巽 信夫	太田幹平	洲脇 寛	三木善彦	竹元隆洋	石井 光	吉本博明	長田 清	真栄城輝明	塚崎 稔	小林幸雄
大会	第18回	第19回	第20回	第21回	第22回	第23回	第24回	第25回	第26回	第27回	第28回	第29回	第30回	第31回	第32回	第33回	第34回
報告数	23	24	29	19	28	32	12	27	22	26	20	20	15	16	10	17	15
単独研究	17	9	13	10	14	8	2	15	12	14	8	13	10	6	4	6	4
共同研究	6	15	16	9	14	16	4	2	10	12	7		5	10	6		11

元号	H24	H25	H26	H27	H28	H29	H30	H31/R1	R3	R4				
開催地	岡山	和歌山	鹿児島	大阪	東京医学会と併催	岡山医学会と併催	京都	長崎	北海道	沖縄				
大会長	堀井茂男	東 晴弘	竹元隆洋	清都奈三		三木善彦	堀井茂男	真栄城輝明	斎藤利和	長田 清				
大会	第35回	第36回	第37回	第38回	第39回	第40回	第41回	第42回	第43回	第44回		合計	平均値	標準偏差	中央値メジアン
報告数	15	23	19	16	14	13	38	16	19	18		824	18.7	6.3	17.0
単独研究	6	4	3	3	4	6	22	5	6	11		413	9.4	5.0	8.0
共同研究	9	19	16	13	10	7	16	11	13	7		411	9.3	4.4	9.0

表2

元号	S53	S54	S55	S56	S57	S58	S59	S60	S61	S62	S63	S64/H1	H2	H3	H4	H5	H6
開催地	京都	京都	岡山	東京	鹿児島	仙台	松本	奈良	東京	東京	栃木	富山	名古屋	札幌	岡山	仙台	指宿
大会長	三木善彦/竹元隆洋		三木善彦	横山茂生	村瀬孝雄	竹元隆洋	鈴木仁一	巽 信夫	三木善彦	石川 光	村瀬孝雄	楠 正三	草野 亮	大崎 修	太田幹平	宇田川一夫	竹元隆洋
大会	第1回	第2回	第3回	第4回	第5回	第6回	第7回	第8回	第9回	第10回	第11回	第12回	第13回	第14回	第15回	第16回	第17回
報告者数	19	21	38	22	42	46	34	36	26	19	13	26	23	71	42	22	39
男性数	19	19	35	14	30	37	25	29	19	11	8	19	16	46	28	17	26
女性数	0	2	3	8	12	9	9	7	7	8	5	7	7	25	14	5	13

元号	H7	H8	H9	H10	H11	H12	H13	H14	H15	H16	H17	H18	H19	H20	H21	H22	H23
開催地	東京	大阪	東京	米子	沖縄	富山	松本	札幌	高松	神戸	鹿児島	東京	富山	沖縄	奈良	長崎	埼玉
大会長	村瀬孝雄	三木善彦	楠 正三	川原隆造	長田 清	草野 亮	巽 信夫	太田幹平	洲脇 寛	三木善彦	竹元隆洋	石井 光	吉本博明	長田 清	真栄城輝明	塚崎 稔	小林幸雄
大会	第18回	第19回	第20回	第21回	第22回	第23回	第24回	第25回	第26回	第27回	第28回	第29回	第30回	第31回	第32回	第33回	第34回
報告者数	35	38	102	54	71	85	21	29	64	43	58	34	43	41	29	43	40
男性数	28	38	68	33	50	47	13	18	42	27	37	20	35	30	19	35	21
女性数	7	20	34	21	18	22	8	11	22	16	21	14	8	11	10	8	19

元号	H24	H25	H26	H27	H28	H29	H30	H31/R1	R3	R4				
開催地	岡山	和歌山	鹿児島	大阪	東京医学会と併催/小栗勝也	岡山医学会と併催	京都	長崎	北海道	沖縄				
大会長	堀井茂男	東 晴弘	竹元隆洋	清都奈三		堀井茂男	真栄城輝明	塚崎 稔	斎藤利和	長田 清				
大会	第35回	第36回	第37回	第38回	第39回	第40回	第41回	第42回	第43回	第44回		合計	平均値	標準偏差	中央値メジアン
報告数	32	61	45	44	42	32	80	37	51	34		1847	42.0	19.0	39.5
男性数	19	34	23	18	26	20	34	16	26	20		1198	27.2	11.8	26
女性数	13	27	22	26	16	12	46	21	25	14		649	14.8	9.7	12.5

4．報告者の所属の内訳

　一般演題報告者の所属の内訳は、多い順に、①「大学・大学院」32.9%、②「病院・クリニック」31.0%、③「内観研修所」21.6%となった。この３領域で85.5%を占めている。それ以下は図３を参照のこと。第１回〜34回までの内訳と比較すると、この３領域の順位では、内観研修所が減少し、病院・クリニックが増加していたが、３領域に占める割合は85%であり変化がなかった。他の領域においては、産業、宗教、福祉、矯正・警察領域では減少し、学校教育、相談室、その他の領域は増加していた。

図３

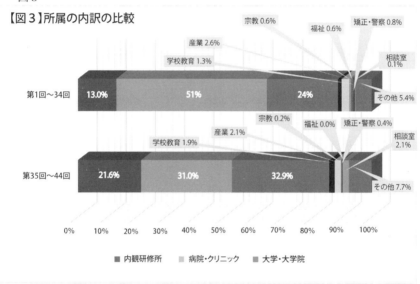

【図３】所属の内訳の比較

1．報告数の推移

　第41回大会の特別な増加は、第７回国際内観療法学会との併催と、主催者からの積極的な呼びかけにより、中国の発表者が増えたことによる。他の学会との併催や呼びかけが報告数の増加に大きな影響を与えている。報告数の増減をみると、第35回大会から第40回大会までは減少し、その後３大会は増加している。日本内観学会は第40回大会において、内観医学界と統合し、第41回大会からは資格認定制度及び研修制

度が開始された。このことが報告数の増加に影響した可能性が考えられる。また、2020年から新型コロナウィルス感染症の影響により生活様式が大きく変化し、学会の開催形態も、第43回大会（北海道）は初めてオンラインで開催された。第44回大会（沖縄）は現地で開催されたが、コロナ禍中の開催であったため、報告数の減少はその影響を受けていた可能性が考えられる。今後の動向を注視していきたい。

2．単独研究と共同研究の報告数の推移

近年、単独研究から共同研究が主流となりつつあるこの現象は本学会のみならず、他の分野でも見られている。吉岡は、「自然科学系の論文では、共著論文が増え、また1件当たりの共著者数も増える傾向になると言われる。」と述べている。本学会でもその傾向が見られている。単独、共同それぞれの利点を生かし、発展し続けることを期待したい。

3．報告者数の推移

報告者数の平均値は増加している。これは共同研究の増加に伴うものと考えられる。男女別の報告者数をみると、男女の差が大きく縮まっていた。全大会を通してみると、第37回大会までは、男性数が女性数を常に上回っていた（表2）。第35回大会から第44回大会では、3大会（38回、41回、42回）で女性数が男性数を上回り、2大会（37回、43回）で男女差が1人であった。真栄城では、女性数が男性数の半数であり、今後の女性の活躍を期していたが、近年の日本内観学会では女性の活躍がなされてきたことが明らかとなった。

4．報告者の所属の内訳

内観研修所、病院・クリニック、大学・大学院の3領域が85%を占めていることに変わりはなかったが、第1回～第34回大会まで51.4%を占めていた病院・クリニックが31.0%に減少している。病院・クリニックの減少は、常連報告者の参加状況が影響している可能性が考えられる。日本内観学会の傾向をより明らかにするためには報告者のより細

かな調査が必要である。他の領域においては、産業、宗教、福祉、矯正・警察領域では減少し、学校教育、相談室、その他の領域は増加している。ここで特筆すべき点として、刑務所（矯正・警察領域）での内観の報告は減少傾向にあったが、その他の領域において、それを復活させる実践報告があったことである。矯正界への内観普及に意欲的に取り組んだ吉本伊信の思いは、現在にも脈々と受け継がれている。

Ⅴ．まとめ

　真栄城[1][2]、辻田ら[3]を引き継ぎ、本研究により日本内観学会の歩みを確認した。現在、同時期の内容的側面からの分析を行っている。両側面からの分析結果が詳らかになれば、新しく入会される会員はもとより、学会認定の資格取得者（内観面接士・認定医師・認定心理療法士）にとって、今後の内観研究のテーマ選定がしやすくなるのではないか。内観の理解と発展のためには、研究と実践は車の両輪のように欠かせないものである。本研究が今後の研究面の発展の一助となれば幸いである。

【参考文献】

1 ）真栄城輝明：「内観研究」の動向分析―形式分析を中心に―．第28回日本内観学会大会プログラム・抄録集；24、2005
2 ）真栄城輝明：続「内観研究」の動向分析―内容分析を中心に―．第29回日本内観学会大会プログラム・抄録集；46、2006
3 ）辻田奈保子・森下文・真栄城輝明：「内観研究」の動向分析―日本内観学会大会の一般演題を中心に―．『内観研究』Vol.17 No.1；29-40,2011
4 ）吉岡亮衛：日本科学教育学会研究会発表論文の分析―論文数と著者に着目して―．日本科学教育学会第43回年会論文集；2019

研究発表② 内観セミナーにおける内観抵抗を緩和する試み
～「生い立ちの記録」を導入した例とその後～
佐藤章世（日本内観学会認定内観面接士　あつたの杜内観室）

【はじめに】

　演者は、自宅の一室に内観室を設え、一日内観として内観を実施している内観面接士である。同時に、内観面接士として、『内観セミナー』の講師を務めて、集団内観として日常（分散）内観を継続していくことを実践している。今回は、内観抵抗という問題についてそれを解除する試みとして、内観前に「生い立ちの記録」を導入して、一定の成果を得たので紹介しようと思う。

【問題の発生】

　演者は、N市主催の市民教室にボランティア講師として採用され、内観セミナーを開催する機会を得た。その中で内観抵抗を示す受講者が複数現れたので、抵抗緩和の方法について、スーパーバイザーの真栄城輝明博士に相談したところ、「生い立ちの記録」という方法を提案された。

【目的】

　内観セミナー受講者に対して、「生い立ちの記録」を導入し、その後の内観抵抗の経過を３事例について報告する。その上で、分散内観セミナーでの内観抵抗緩和としての「生い立ちの記録」の功罪について考察をしたい。

【内観セミナーについて】

　吉本伊信は集中内観を電柱に日常（分散）内観を電線に譬えて、日常生活における内観の継続を重視しているが、一般的には日常（分散）内観の継続は困難とされてきた。

　継続を困難にする理由は、①モチベーションの拡散（やる気の空回り・先延ばしなど）②場所や時間の確保の難しさ③一人作業の困難さ④

日々の生活で問題が発生する、などが考えられる。

　そこで、どのように工夫すれば日常（分散）内観を容易に継続できるのかということが問題になり、演者は、その一つの方法として「内観セミナー」を集団内観として日常（分散）内観を継続することを試みた。（第43回日本内観学会北海道大会で発表。）それが今回紹介する内観セミナーである。

　活動当初の目的は集中内観後の日常内観継続のためであった。現状では、集中内観を未経験の受講者が多数参加している。

【内観抵抗について】

　内観抵抗とは、集中内観で、内観者が初期に示す抵抗のことで、「3日目の壁」とも呼ばれている。

　抵抗の種類は、①「構造・場所・時間的制限に対するもの」②転移と逆転移という「面接者・セラピストに対するもの」③「内観3項目に対するもの」（長山2021）があると指摘されている。

　吉本伊信の時代から約80年の時間の経過が、道徳的観念や倫理観を変化させて、押し付け（ハラスメント）や、いきなり課題を課される戸惑いなど、3項目に対して質的抵抗を起こしている場合もある。

　また、内観抵抗から深まらないケースの背後には、近年の母子関係の変化がある（真栄城2014）という報告もある。また、分散内観セミナーにおいても、同様に内観抵抗発生すると考えられる。

【「生い立ちの記録」について】

　内観抵抗の緩和への工夫として、大和内観研修所では、自分の人生を振り返り、生育歴や生活歴を自由に記入する「生い立ちの記録」が数年前から導入されている。（第43回日本内観学会北海道大会では、鈴木康広教授が「集中内観前に導入された『生い立ちの記録』を巡って〜内観者の視点を中心に〜」として発表された。）

　そこで、鈴木教授は、「生い立ちの記録」への記入の効果として以下

を示した。

①インテークの働きと、3項目に対するウォーミングアップ

②作業に没頭・集中でき、無我の状態になること

③内観が進み、面接者への陽性感情を持つきっかけとなる

　その結果として、三項目にスムーズに取り組めるとされている。（鈴木他2022）

【方法】

● 場所　N市生涯学習センター　市民教室

● 対象者　40代から70代まで10名（男性6名、女性4名）全員集中内観未経験者であった

● 分散内観の5回継続のセミナー　（北海道大会発表と同様の形式）

　一講義二時間

　前半　内観の説明、体験談などミニレクチャー

　後半　内観実習

　面接は2名で実施

● セミナーへの参加理由

　内観への興味、自己探索、ストレス解消　アンガーマネジメントなど

● セミナー初回に内観抵抗の問題が発生したために、二回目のセッション開始時に「生い立ちの記録シート」を用意し、記入してもらった。

● 記入時間は30分から50分。本人のペースで記入。

● 毎回の講座終了時に感想を自由記入して、最終日には「生い立ちの記録」についてアンケートをし、これをもとに考察を行った。

【生い立ちの記録シートについて】

　研修所では自由記入の「生い立ちの記録」を採用しているが、セミナーでは時間的制約を考えて「生い立ちの記録シート」を新たに作成し導入した。内容は、生まれた家、小学校低学年時代　小学校高学年時代　中学生時代の4つの時代を4枚に分けて用意した。具体的で簡単な設問

と自由記入が特徴である。

　尚、書きたくないことは書かなくてもよい旨を示した。

【結果】

　アンケートの結果

　導入前の内観への取り組みの状態

　困難　3

　やや困難　2

　どちらでもない　5

　導入後の内観への取り組みの状態

　内観がしやすくなった　8

　どちらでもない・わからない　2

　自由記入より

● 記入は思ったより大変だった。

● 具体的に思い出しやすくなった。

● 点でしかなかった記憶が流れとして理解できたので調べやすかった。

　以上の事から、内観しやすさや俯瞰的な視点の獲得につながっている様子が伺える。

事例(1)の結果

　Aさん　60代前半　女性　依存的で質問が多い

　受講動機　離婚と今の自分について理解を深めたい

　初回　母に対する内観は拒否。「猫だけが家族だから猫に対して内観する」と言い張った。母に対する陰性感情から内観抵抗を示す。

　2回目　「生い立ちの記録シート」はスムーズに記入した。母に対する強い拒否感は変わらなかったが、対象は身近な友人に変化した。

　3回目・4回目　　表情に柔らかさがみられて、内観を続ける。

事例(2)の結果

　Bさん　40代後半　女性　　実家で両親と息子と同居　下肢に障害

他人の視線が気になる

　受講動機　内観への興味関心

　初回　3項目を書かされることに納得がいかないと抵抗を示した。

　2回目　熱心に生い立ちの記録シートを記入。その結果、息子に対する内観をしたいと希望。

　3回目・4回目　複雑な家庭の中で、息子の存在の大きさを実感し感謝できた。

事例(3)の結果

　Cさん　70代男性　定年後無職　妻と同居

　受講動機　妻に対して一度怒り出すと自分で止めることができない。内観で治したい。（アンガーマネージメント）

　初回　「60年以上も前のことを思い出すのは難しい。」と表情も硬い。記憶力に対する不安や恥ずかしさからの抵抗を示す。

　2回目　「生い立ちの記録」を50分ほどかけて熱心に記入した。記入後は「思った以上に思い出された。しかし、母親のことがあまり思いだせなかったのはどういう関係だろうか？」と感想を述べた。母に対する陰性感情の抵抗が感じられる。

　4回目　「幼少時代に母に世話を焼いてもらった記憶はない」と怒りが噴出し内観を拒否。「誰にならできますか？」と質問すると、「妻に対して」と答える。

　5回目（最終回）　前回の約束通り妻に対して内観する。笑顔もあった。講座は終了したが、自主学習グループに参加して分散内観継続の意思を示した。

【考察】

「生い立ちの記録シート」の内容は、年齢や性別、学歴や社会的地位とは関係がなく、時代性も問わない。したがって、誰でも、自分の過去を素直に思い出し、自己の内面に沈潜するきっかけにできる。

　道徳的観念や倫理観の多様化が引き起こす抵抗には、「書きたくない

ことは書かなくてよい」という文言が「内観は個人の意思を尊重している」というメッセージとして伝わり、結果的に質的抵抗を緩和に導くと考えられる。

次に、今回発生した3つの抵抗に対してそれぞれを簡単に考察したい。

①母に対する陰性感情という内観抵抗への考察
(1)と(3)の事例
「生い立ちの記録」記入しても、母への内観はできないが、それ以外の対象に対しては内観できた。記入への達成、面接士に陰性感情を否定されることない安心感から、抵抗緩和されたと考えられる。
　⇒母に対する強い抵抗は緩和されないが、内観そのものに対する抵抗は緩和した。

②内観と3項目への違和感という内観抵抗への考察
(2)の事例
　熱心に「生い立ちの記録」を記入することで、作業に没頭・集中することができて「無心」になることができ、これまでの人間関係を整理して、今内観したい対象への案内となった。
　⇒抵抗緩和

③記憶力を評価されるという思い込みや想起ができない羞恥心という内観抵抗への考察
(3)の事例
　高齢者は記憶や想起に時間がかかる場合が多い。同室に他の内観者という比較対象があると、自信喪失する可能性がある。
「生い立ちの記録」記入に没頭集中して、自分に向き合う時間が確保でき、その結果、自尊心を保ちつつウォーミングアップできた。
　⇒抵抗緩和

いずれのケースも、鈴木教授の提唱した①インテークの働きと、3項目に対するウォーミングアップから②作業に没頭・集中でき、無我の状態なることができ③内観を促進したといえる

【まとめ】

　内観初期の抵抗は集中内観と同様に分散内観セミナーでも発生し、抵抗の種類もほぼ同様である。

　内観セミナーであっても、参加者の中には、大きな怒りや深いトラウマを抱えている可能性はある。ほとんどの場合、抵抗は初回に発生するので、この時の面接士の対応は慎重にしたい。「生い立ちの記録」のインテーク、アセスメントとしての効果は分散内観セミナーでも必要がある。

　吉本伊信は、内観の本質を変えずに工夫をすることを推奨した。今回は母に対する根深い陰性感情には対処しきれないことも理解された。今後も、分散内観における抵抗緩和への創意工夫を、内観者の動向を注視しながら考えていきたい。

【その後の取り組み】

　第44回沖縄大会一般演題発表で、「事前説明の不足による内観抵抗の可能性」についての質問があり、課題となっていた。また、第10回内観研修会では、「リスクマネージメント」についてのテーマで、医療機関における安全管理（「精神科病院に紹介されてくる患者へのリスクマネージメント」三和中央病院塚崎稔先生）、と「研修所で内観療法を実施するときのリスクマネジメント〜面接者と内観者間の説明と連携〜」（大和内観研修所　真栄城輝明先生）を学ぶ機会を得、そこでは①「インテーク」から②「意思の確認」、③「オリエンテーション」を経て④「内観準備」といった導入期の対応の重要性が示されていた。

ウォーミングアップワーク

　内観抵抗を「リスクマネジメント」の視点でとらえると、内観セミナーでも前述①から④の経過を丁寧に対応することが必要で、これまでの説明では不十分な点もあるのではなかったかと考えた。

　その後に開催された内観セミナーにおいて、「生い立ちの記録」を補完する、作業を中心とした「ウォーミングアップワーク」ワーク１　家族図、ワーク２　計画票、ワーク３　三項目、ワーク４　生い立ちの記録シート記入を試みた。実践後の感想としては、ワークを重ねることで緊張感からの解放や面接士とのリレーションも進み抵抗緩和につながると考えている。

【謝辞】
　貴重な記録をご提供いただきました皆様に心より感謝を申し上げます。

【倫理的配慮】
　事例提供者に対し、使用目的と守秘義務個人情報の取り扱いににについて書面で提示承諾を得た。

【引用文献】
１）真栄城輝明（2005）：「心理療法としての内観」朱鷺書房　P 52-58
２）鈴木康弘他（2022）：「内観研究　Vol28」P117-P121
３）長山圭一（2021）：「第7回内観研修会（Web）」（内観研究Vol28「集中内観に導入された「生い立ちの記録」を巡って　鈴木康弘他P119）
４）真栄城輝明（2014）：「日本の心理療法　思想篇　秋田巌編P262

研究発表③ 日常内観としてのＥメール内観
—縦型内観と横型内観を体験して—

前田起代栄（大和内観研修所研究員）

真栄城輝明（大和内観研修所　所長）

【動機と目的】

　日常内観の重要性はあるにも関わらず、その継続が難しいことを奥村（昭和59年）や真栄城（2005）は指摘している。これまで日常内観の継続を巡って一日内観や短期の内観、内観カウンセリング等様々な工夫がなされている(2019、2021)。演者は日常内観として取り組んだものを（縦型内観・横型内観）、面接者Ａ氏にＥメールで送るＥメール内観を体験した。Ｅメール内観に関する研究は大山(2016、2018)があるのみである。また、横型内観についての文献も数が限られている。真栄城（2005）によると、縦型内観は「今日は小学校低学年の母に対する自分を調べたとしたら、明日は高学年というふうに区切って行うやり方」、横型内観は「特定の対象者を決めずに今日一日を振り返って、『してもらったこと、して返したこと、ご迷惑をかけたこと』を調べていく」と述べている。本報告では、内観者の視点からＥメール内観の特徴について考察を行う。またＥメール内観で体験をした、横型内観について内観者の立場から考察を行う。尚、本研究における開示すべきCOI関係にある企業等はない。

【研究の方法】

　面接者Ａ氏に送った3か月ごとの感想、及び横型内観で送信した内容を元に考察する。Ｅメール内観の構造や受け手との関係性、横型内観の特徴等を内観者の視点で考察を行う。

【本研究におけるＥメール内観の方法】

　私設心理相談室を運営するＡ氏（女性臨床心理士）の元で、Ｅメール内観の前に一日内観を体験した。Ｅメール内観の開始にあたって一日内

観実施日に頻度や料金等、構造の確認を行った。送信する内容は大山(2016)を参考に、内観三項目と「気づいたこと」を記載した。週2回を原則として期限を決めずに継続し、3か月毎に区切りをつけて面接者A氏に感想を書いて送信した。縦型内観(X年10月〜X+2年10月中旬)は従来の内観と同様、特定の内観対象者に対する自分を、年代を区切って取り組んだ。横型内観（X+2年10月中旬〜X+3年1月）は、一日を振り返って内観三項目に沿って取り組みをした。

【実際の取り組み方】

　テレビを消すなど、静かに集中して取り組むことのできる環境下で内観に取り組んだ。取り組んだ後、静かな環境でパソコンのWordソフトで入力をし、パスワードをかけて送信した。面接者A氏からは、翌日に受け取った旨の短い文章が届いた。感想や取り組み方への助言、時折この取り組みへの敬意を表する言葉などが端的に添えられていた。

【結果と考察─Eメール内観の特徴について】

(1)想起に関わって

　集中して取り組むことが出来、集中内観の時に気づかなかった深い気付きを得ることもあった。これは自ら取り組もうとした動機付け、内観に没頭できる環境、内観について学ぶ機会があることなどが影響していると考える。想起内容については、日常生活の影響を受けることがあった。例えば、食事（カレー）を作りながら子どもの頃に食べた食事（カレー）にまつわるエピソードを思い出し、それを機にお世話になったことを次々と思い出した。被愛感を覚え、内観が深まったこともある。逆に日常生活の出来事が影響をして内観が進みにくいこともあった。また、多忙な時に取り組むことが難しいこともあった。真栄城(2015)は「内観という内面探索の作業は、相当に心的エネルギーを必要とする」と述べているように、多忙な時には日常内観にエネルギーを割く余裕が生まれにくかったのだと考える。

　その他、内観が深まってもEメールを送信すると、気持ちが切り替わ

って日常生活のことが中心になる傾向があった。これについては、日常生活を送りながらの内観であるが故に、起こり得ることだと考える。

(2)構造について

　Ｅメール内観開始前に適度な料金設定や無理のない頻度等の構造に関わる取り決めをしたことは、Ｅメール内観の継続に繋がったと考える。定期的に見て頂く方があることでペースをつかみやすかった。真栄城(2005)は「自分の内観を読んだり聞いたりしてくれる面接者が存在するだけで、大きな支えとなり、日常内観が継続しやすくなると思われる」と述べているが、面接者Ａ氏の存在がその役割を果たしていたと言えるだろう。

(3)Ｅメールでのやりとりや面接者との関係性について

　開始当初、文章のみで伝える為、面接者の反応が見えない不安はあった。また演者自身の近しい人の姿を面接者Ａ氏に重ねることがあり、様々な思いを抱くこともあった。Ｅメール内観に於いても転移関係が生じうると考える。しかし、小さな積み重ねが関係性を維持・変化させていったように感じる。いつも同じような返信が届くこと、時折敬意を表するコメントが届くこと、率直な表現も受け止めてもらえたと感じるレスポンスがあることなどである。ぶれないＡ氏の受け答えが、不安の軽減につながったと考える。また料金を送ると、趣向を凝らした封書に手書きの一筆箋と共に領収書が届いた。ほんのりと心温まる思いをしていた。こうしたことも関係性の維持・変化に一役買っていたと考える。高橋(2005)は「面接者は内観者によって理想化されても価値下げされてもひたすら『そこにある』ことによって、内観者の対象恒常性を保障する役割を果たす」と述べているが、面接者Ａ氏がこれを体現していたように感じる。

【結果と考察―横型内観について】

(1)取り組みとその例

　横型内観に取り組む際も、縦型内観の時と同様の環境下で取り組んだ。まず、どんな日だったのか、一日の出来事について三項目を意識し

ながら振り返った。内観三項目以外のことも思い出すが、文章化の前に、思い出したどの出来事がどの項目にあてはまるのかを意識してからパソコンでの入力を行った。

［実際の例（複数の日の報告を、内容を損なわない程度に改編）］

● お世話になったこと

・退勤時に「お疲れさまでした」と、心のこもった声をかけて頂きました。心が温かくなる思いをしました。

・庭の掃除をしました。陽射しが心地よくて癒される思いをしました。

● して返したこと

・家族や家を訪れる人が快適に思って下さるよう、庭掃除をしました。

● ご迷惑をおかけしたこと

・家事の手を抜いて、家族に迷惑をかけました。

● 気付いたこと

・昼休みに散歩することで、リフレッシュができました。また行ってみようと思いました。

(2) 考察

　内観三項目に沿って一日を振り返ることで、起きていた出来事や関わりのあった人の気持ち、自分自身の気持ちを客観的・俯瞰的に見ることができた。また、ありふれた日常の出来事に感謝をすることが出来たり、自分自身の努力した点等にも気づきやすくなったりした。気づいたことを元に日常生活の中で改善につなげやすかったと考える。

　その反面、現在に近い過去である為、取り組んだ日によっては抵抗を感じることがあった。また文献が少ないことから、横型内観の取り組み方がこれでよいのか、わかりにくい側面もあった。例えば、太陽の陽射しや自然の恵み、直接会ったことのない芸能人に対して感謝の念を抱くなど、内観対象が曖昧になってしまうことがその例である。しかし、内観を取り組もうと思った時に、誰に対するいつの時代を取り組むか考え込むことなく、気軽にその日一日のことを振り返ることができる側面もある。横型内観については、今後研究を積み重ねていくことで、日常内観の取り組み方への幅が広がる可能性があると考える。

【今後の課題】

　Eメール内観は、高橋(2005)の指摘する、内観特有の固い枠組みとは異なるものであると考える。今後、Eメール内観のメリット・デメリット、限界や構造を更に明らかにする必要があると考える。また、本研究は演者一人の体験に基づくものである。その他のEメール内観体験者や面接者、双方の視点で研究を行うことで、よりその特徴が明確になるだろう。横型内観については、研究を積み重ねていくことも意義があると考える。

【引用・参考文献】

真栄城輝明(2005)　心理療法としての内観　朱鷺書房　209,270-275

真栄城輝明他(2019)　「集中内観から日常（分散）内観を経て集団療法への展開〜集中内観後の電線をつないでいく試み〜」　第42会内観学会大会抄録集29　一般演題①-5

奥村二吉（昭和59年）　日常内観　現代のエスプリ　202　瞑想の精神療法　至文堂　150-156

大山真弘(2016)　「Eメール内観」の試み　内観研究22(1)105-112

Shinkoh Ohyama Takuya Chayamichi (2018) The Effective Descriptions ,Qualitative and Comparative Analysis of Intensive Naikan Therapy and E-mail Naikan Therapy 九州ジャーナルオブソーシャルワーク学会 1-11

髙橋美保(2005)　間主観的方法論　内観者（高橋美保）の視点から　心理療法としての内観　朱鷺書房　142-163

都甲陽子他(2021)　心理相談室における分散内観の試み　一日内観という方法を通して　第43回日本内観学会学術集会北海道大会抄録集28-29

研究発表④ デイケアにて PSW がオンライン内観の「語り」を聴く
―成人発達障害者の場合―

芳川園子

【背景と目的】

　筆者は PSW である。医療機関において精神障害（発達障害含む）の患者に対し、デイケアにて心理教育や集団精神療法を担当していた。本研究は、デイケアでの交流や面接のなかでの A 子が体験したオンライン内観の語りをまとめ、発達障害をもつ患者のオンライン内観の「語り」を聴くという支援の意義を考察することを目的とした。

【事例の紹介】

- ●事例：A 子　38 歳　女性　無職
- ●診断：ADHD を伴う自閉スペクトラム症　抑うつ状態
- ●家族構成：離婚後一人暮らし
- ●主訴：人の気持ちを察するのが苦手で、人との関わりの中でよく失言をしてしまった経験から、失敗をおそれ心を閉ざすようになり、自己開示が非常に苦手である。離婚後 2 人の子どもとも別れて暮らすようになり、抑うつ状態に陥って、その苦しさを回避するために日中から飲酒量が増え、ゲームや YouTube、テレビをつけ紛らわせる状態になった。

【方法】

　A 子が B 内観研修所を訪れ、初めて集中内観を行ったのは、X 年 6 月コロナ禍のため人数制限中での内観であった。当該研修所では、集中内観後も日常内観を希望する内観者のためのフォローとして「内観」と「カウンセリング」を組み合わせた「内観カウンセリング」を実施しており、A 子はそれを希望した。そこで、コロナ禍ということを考慮して「内観カウンセリング」をオンラインで一週間行った。A 子は内観に対し意欲的で、感じたことを話したい、聴いてもらいたいという欲求が高かった。PSW は内観の面接者がそうするように、A 子の語りに批判や

評価をせず傾聴に徹し、語りの内容を事例としてまとめた。

【結果と考察】

　　今回のＡ子のオンライン内観での、発達障害者の障害特性ゆえの生き
づらさ、それに伴う認知の歪みに対して大きな気づきをもたらし、自己
不全感や苦しさなどの軽減、自己理解を深めるという結果の「分かち合
い」がPSWとなされたことにより、内観がさらに深化していった。語
った本人にも意味があっただけでなく、語りを聴いたPSWにとっても
自分の内観が深化するという効果があった。内観の「語り」を聴くとい
う支援は、支援者が何かをするのではなく、「存在者」として語りを聴
くことに意義があると思われる。

研究発表⑤ 集中内観における中国人内観者の「迷惑」に対する認知変化プロセス―内観者の語りを手がかりに―

盧　立群（佛教大学教育研究科臨床心理学専攻博士後期課程）

【問題と目的】

　日本だけでなく、中国の精神医療、教育、矯正の分野まで広がっている。しかし、日本人のように「他者に迷惑をかけてはいけない」という発想がない中国人にとって、内観を体験する時、「してもらったこと」「して返したこと」「迷惑をかけたこと」という内観三項目の中で最も重要な項目である「迷惑をかけたこと」をどのように捉えているかという疑問が生じる。本研究では、中国人内観者の「迷惑」に着目し、集中内観における中国人の「迷惑」に対する認知変化プロセスを明らかにすることを目的とした。

【方法】

　日本の内観研修所Yで集中内観を体験した中国人内観者15名（男性7名、女性8名）を対象とし、集中内観後に一対一の半構造面接を行い、その語りをM-GTAで分析した。インタビュー時に改めて本研究の目的と意義、調査内容の取扱と秘密保持について説明を行い、論文化についても了解・同意を得た。

【結果と考察】

　M-GTAによって発話データから5個の上位カテゴリー、13個のカテゴリー、31個の概念が抽出された。中国人内観者の「迷惑」に対する認知変化プロセスのストーリーラインは以下のようである。内観者は『内観前段階』を経て、内観中に本格的に内観が始まり、「迷惑」について調べると、『内観への適応』を経過し、「迷惑」の概念に対する新たな捉え方に気づくとともに、『内観の深化』に至る。また、『促進要因』と『阻害要因』という2要因から影響を受け、変化が起こる。同時に、その変化プロセスと影響要因との関係を仮説モデルで示し、さらに【能動

的(積極的)にすることと受動的(消極的)にすることに分類する】【迷惑の認識が深まった】【内観後の思考】という3つの大きな変化を取り上げ、考察を加えた。

集中内観後の日常生活で見た夢の考察―内観的視点から―

荻野知子　（臨床心理士・獣医師・大和内観研修所研究員）

【動機及び目的】

　内観と夢のテーマは、日本内観学会でも以前より注目されてきた。北見（1981、1983）は、内観中に内観者である自身のみた夢を手掛かりに内観過程をつまびらかにして見せている。

　筆者は、大和内観研修所の研修員であり、集中内観後、内観面接研修を中断中に左膝手術のため2回の入退院を経験した。この間によく夢を見たため、筆者も北見に倣い、自分自身が見た夢を内観の視点から考察し、夢を手掛かりに日常内観の継続を試みる事にした。

【方法】

　初回入院から約2年間の筆者自身の夢の記録を、①初回入退院、②職場復帰、③2回目の入院前、④2回目の入院、⑤2回目の退院後、の5期に分けた。各期に見た夢の傾向と特徴的な夢について記述し、内観の視点から考察を加えた。

【結果と考察】

（「　」内は夢の概要及び夢からの引用とした。）

①初回入退院

夢：誰かを探す、迷う、逃げる、隠す、探りを入れる、謝罪をする、といった夢。

「学校。校内放送で校長から呼び出される。校長を探すが見つからず、逃げようとするが逃げられない。夕方になり校長に詫びるが、校長は怒っている。私は、校長はどこまで知っているか、何を怒っているか探っている。」

考察：術後の回復、職場復帰、正座が出来ない膝で内観面接研修に復帰

できるか、集中内観はできないのではないか、といった様々な不安と抵抗が夢に表現されている。「校長に会い、詫び」てはいるが、校長が何を怒っているか分からない＝周囲の心配や助言が理解できていない状態であったためだろう。夢の中の校長は、昔の上司であり、内観指導者である、とも考えられる。

②職場復帰
夢：トイレを探し、見つからず焦る夢を何回も見る。また、朝足が痛み通勤できない日は、前夜に不安な夢を見る傾向があった。
「古いトイレ、３つある個室の１つが蓋のある和式タイプで、どう使えば良いか分からない。時間がないので焦る。綺麗ではないので、あまり触りたくない。どうしよう、と、迷い悩む。」
考察：リハビリの病院を転院した直後の不安から、３つの病院（入院した病院、リハビリの転院前と転院後の病院）が、３つの個室として出てきた。転院後の病院でリハビリをはじめようと扉を開けるが、「どうしようと迷い、悩み」躊躇している。

③２回目の入院前
夢：物やトイレを探す、迷い、作業にもたつき間に合わず焦る夢を繰り返し見た。
「葬儀が間もなく始まるが、喪服がない。焦りで慌てる。何とか喪服だけ見つかるが、早く着替えないと時間がない。」
「軽自動車に３人（私と人物不詳の年配男性２人）乗り、私が運転している。なぜ道に詳しい他の人が運転してくれないのか、と、不満に思う。」
考察：「なぜ道に詳しい他の人が運転してくれないのか、と、不満に思う」のは、２回目の入院・手術をすることとなり、回復への道のりを誰かに代わって運転してほしい、連れて行って欲しい、という他力本願な思いを表している。一緒に乗っているのは人物不詳だったが、入院する病院とリハビリの病院のそれぞれの主治医を表していると考えられる。

72

④2回目の入院中

夢：なかなか決められない、間違う、間に合わないなど、うまくいかない事ばかり。

「3人で車に乗っており、私が運転している。道を間違え逆方向に曲がってしまい、とても遠回りな道を選んでしまう。同乗者に道を聞くがはっきりとした答えは返ってこず、なかなか元に戻れそうもない。天気が良く、海辺のコンビナートや半島の先端まで見え、とても見晴らしが良い。ジェットコースターのように急勾配な坂を下る。」

考察：術後感染が起きて再々手術をする日の前夜に見た夢である。道のりは回復を表していると考えられ、今回も道を間違え、遠回りをすることになる。見晴らしは良いのだが、道は間違ったまま、気持ちの急降下が「ジェットコースターのように急勾配な坂を下る」と表現された。

　COVID-19感染対策中の入院は、面会や外出禁止と制限が多く設けられ、外部からの刺激は少なく、まさに内観に適した環境であった。しかし、残念ながら日常内観には向かわなかった。

⑤2回目の退院後

夢：場面はトイレ、事務所、階段教室が多く、準備ができていない、探しても見つからない。夢の中の登場人物が、亡くなった父を含め家族、高校以降の友人・知人及び芸能人など、具体的な人物が以前よりも多く出てくる様になった。

「温泉宿。トイレで用を足すと、下痢に混じり内臓のようなものがズルズルと出てくる。慌てて便器に手を突っ込み確認すると、腎臓や心臓など主要な臓器ではないが、排出した物は結構な量。うろたえながらトイレの外に出る。手が汚れているので風呂に入りたいが、タオルも着替えもなく、どうしたものかと途方に暮れる。」

考察：Webの内観研修会に参加した日の夜に見た夢である。研修会への参加で内観に触れたことがきっかけとなり、その夜見た夢は、今まで見つけられなかったトイレを見つけ、大量の「主要な臓器ではない（臓器を）排出する」内観的な夢であった。『内観＝トイレ』であろう。「主

要な臓器ではない」排出物とは、回復や治療への迷いや疑い、自分の体の事なのに依存的で他力本願な汚い感情と考えられた。

　夢を見た直後は『主要ではない臓器』が何を意味しているか気づくことができなかった。そのために、夢からのメッセージを受け取れず、その後も焦ったまま解決しない夢を見続けたが、トイレを探す夢は見なくなり、登場人物が具体的で多様になるという変化があった。

　また、②職場復帰の「3つある個室のトイレの1つは蓋のある和式で、触りたくないと迷い、悩む」。夢の中の和式のトイレは、それこそ内観のことであり、内観への抵抗と希求を示す葛藤夢であったと思われる。迷い、悩む時ほど内観を必要としており当時の夢に出てきたのだろうが、正座が出来ない事を言い訳に内観を遠ざけていたせいか、当時は気づくことができなかった。

【まとめ】

　内観の視点から夢を見直すことで、当時は気づかなかった見方・解釈ができ、夢からのメッセージを受け取ることができた。
『内観＝トイレ』だとすれば、トイレを探すが見つからない夢は、内観への抵抗と希求が顕れた“葛藤夢”といえ、夢は日常内観の必要を告げていたことになる。

　しかし、当時筆者は正座ができない事を言い訳にして内観を遠ざけており、入院中は内観に適した環境であったにも関わらず日常内観をしないでいた。⑤期でWebの内観研修会に参加して、内観に接し、内観を生活に取り入れたことで、夢からの『内観＝トイレ』を探し求めているというメッセージを受け取り実践したことになる。内観を生活に取り入れたことで、「トイレを探す」夢を見なくなり、登場人物が多様に具体的になるなど、夢の内容にも変化が起こった。夢の変化を通じ、内観に触れる事の意義は大きいと感じた。

　内観を生活に取り入れることで、夢からのメッセージを受け取れるようになり、夢の内容が変化した。このことから、夢の内容と夢の変化を手掛かりに日常内観を継続できる可能性が示唆された。

【謝辞】

　当原稿は、第43回日本内観学会一般学術集会北海道大会の一般演題で発表した内容を加筆修正したものである。

　指導して下さった真栄城輝明先生に心より感謝申し上げる。

＜参考文献＞

北見芳雄：夢分析から見た内観過程についての一考察　第４回内観学会発表論文集,60-61.1981

北見芳雄：夢分析からみた内観過程についての考察（２）第６回日本内観学会発表論文集，　62-64.1983

【第二部】6.シンポジウム

「日常内観は実生活で、はたして役に立つのか」

シンポジウム① ～家庭での夫婦関係の改善を考える～　海藤規子

　このタイトルを見て私は、「はい、役に立っています」と即答した。

　20年前、毎日けんかがたえず、夫の問題行動に苦しんでいました。それでも夫から離れられず、「他者は変えられないけど、自分は変えられる」の言葉通り、変わりたいと思いました。その頃の私は、自分は何も悪くない、浮気を繰り返す夫が悪いと思っていたので、自分がどう変わっていいのかもわかりませんでした。

　そんな時「内観体験記」を手にする機会を得ました。この内観体験記を作られた方は、夫の同級生で、夫の仕事に役立てて欲しいと送って下さっていたものでした。ひどい夫と思いながら暮らしていた、その憎い夫によって内観につなげて頂いたのです。わらにもすがる思いで「大和内観研修所」の門をくぐりました。

　成育歴をふりかえる作業は、とてもつらく、その頃の年齢にもどってしまい、泣いてばかりでした。両親の存在すらいないものとして、悲しみや、さびしさをみないようにふたをして、なかった事にして、なんとか生きのびて来た私にとって、内観はこの何重にも重なったふたを、こじ開けるところから始まりました。それからも、2ヶ月とたたないうちに、何度もかけ込むように郡山へ通いました。

　今から思えば法座の中が私にとって、安心、安全の場所になっていました。物理的に夫から離れた事もあるでしょうが、それだけではない、私を包み込んで、まるで抱きしめられているかのような温かいものを肌で感じていたからで、それは奥様の存在だったのです。

　何度通っても、私達の生活は変わらず、真栄城先生が、「夫のアルコールの飲み方に問題があるようですね」と、私を断酒会につなげて下さいました。夫によって私の問題点が表面化し、「共依存」を知りました。

1回目の集中内観後、私はアルコールが一滴も飲めなくなっていました。まるでアルコール問題を予言しているかのような、できごとでした。

　日常内観を身につけようと、とにかくすわりましたが、感情にのまれて泣くばかりで、奥様に「こんな内観なんて、知らなきゃよかった」と、毒づいた事もあります。両親とのかかわりが少なく、夫とも深いつながりも感じとれなかった私は、「親にも、夫にも、必要とされない」と、自分をあわれんでいました。

　そもそも夫とは、23才で知り合って、45才で結婚しました。結婚してみると、夢みた家族だんらんとはほど遠く、夫の子供2人と、まるで母子家庭のようでした。皆なバラバラで私が育った家庭とさほど違いはなく、会話も少なく、夫は子供にも無関心でした。原家族での辛さと、夫との生活が重なって、私の心はこわれていくようでした。夫を憎んで、アイスピックをにぎり台所でブルブルふるえていた私自身の姿を今でもはっきり覚えています。

　内観を続けていくと、夫と父親は同じように重なる部分が多い事に気付きました。長い間心にふたをして、平気なふりをして「良い妻」を演じている私に、仏様が夫を通して親との宿題をさせようとされているのではないか、と思いました。

　子供の頃、親に対して思っていた事。「私を求めて欲しい」「大切にされたい」「私に関心をもって」「私はここにいるよー」と、いつも心の中で叫んでいた私の中の「小さな私」が、夫によって再びあばれだしていたのです。夫が浮気をし、暴言を吐くたびに私はますますしがみつき、その一方で何度も家出をする事で、夫に必要とされようとしました。私のそばで、私と一緒に暮らす事を選んでくれなかった、私が辛かった時助けてくれなかった、と両親をうらみながら、私はずっと悲劇の主人公のように自分をあわれんでいたのです。

　ところがある日、私が産む事のなかった赤ちゃんの供養をしにお寺に行った帰り道で、私は親をうらむ資格などないと気付きました。親と、そっくりどころか、私は母に産んで頂き、父、兄、姉にバトンが渡され命をつないで頂いた事実におもい至り、すわりこんでしまいました。命

を絶れた赤ちゃんは、笑う事も悲しむ事もできなかった。ある日、くすりの副作用にくるしんで奥様にメールした時、「それも生きているから感じられている」と、さとして頂きました。この時から、自分の「甘え」に気付き、日常内観への姿勢が変わりました。

　さて、最近の私の心境をお話します。「オレをATMと思え」と言う夫が不愉快でしたが、内観してみると今日の日を迎えるまで私はどれ程沢山のお金に救われて来たのか、に気付きました。心を回復するセミナー、時にはアイメッセージを学ぶ為と東京に何度も通いました。20年間で受けたカウンセリングの数に交通費、かけこみ寺のように受けた集中内観、断酒会での一泊研修をまわり、その足となる車を買ってもらい「事故に合った時、命が助かるように」と、まで言ってもらって、軽自動車ではなく、大きなセダンをススメてもらった。こんなに大切にされていたというのに、私は日常内観をしなければ気付く事は、ありませんでした。

　夫の恩恵で頂いている「衣食住」。ねるところもなかったあの頃を思い出します。腹がへって水を飲んでいたあの頃。盗まなくても、好きなものを食べれる今の生活。「ただいま」と帰れる場所がある、ありがたさ。温かいふとんの中で眠れる毎日。それでも夫に腹を立て、うんざりする時もある。にげだしたいような気持ちにもなる。けれども内観をしていると、又もとのありがたく思う気持ちになります。

　昨夜は嫉妬心で家を飛びだしたくなりました。私はそんな自分を抱きしめて「大丈夫、私はあんたのつらさを知っているよ、つらかったよね。私がついているよ、ひとりじゃないからね」と、私の心の「小さな私」をぎゅっと抱きしめてあげれるようになりました。この「ぎゅっと」も「つがなりの会」で教えて頂いたからこそ、できたのです。

　もし、私の理想通りの夫だったら、私は自分の問題にも気付く事なく、あぐらをかいていたと思います。夫は私を成長させる為にそばにいるように思います。いつも3日と続かない私でしたが、「これが私を救ってくれる」と感じてから20年がたって、日常内観をする事で何んとか家出をせずにおれます。このくり返しで、そのままを生きています。本当に、日常内観が私を救っています。

シンポジウム②「過去の自分と内観とこれからの人生」
〜心と体のつながりの大切さ〜　菅田 ゆかり

(1)「真栄城輝明先生との出会い」

　私は、当時、自立生活応援センターわかやまで仕事をしながら放送大学の心理と教育コースで学び認定心理士を目指していました。

　認定心理士資格取得のため2016年、面接授業「心理療法学入門」を受講しました。講師は、臨床心理士で大和内観研修所長の真栄城輝明先生でした。先生が講義の中で集中内観のビデオを見せてくださったことがきっかけで内観に興味が湧きました。そして、先生の講義に「ビビビッ」と心のアンテナが動いた私は、受講後、個人的にカウンセリングをお願いしたのです。カウンセリングをお願いした理由は、当時、嫁姑問題で悩んでいたので、どうにか改善できないかと願ってのことでした。

(2)「過去の自分と嫁姑問題」

　結婚当初は、姑さんと別居していましたが、姑さんが腕の複雑骨折の大怪我をし、また、経済的な理由から1人で生活する事が困難になり2001年より私たちの家で同居生活をすることになりました。同居からしばらくして姑さんが痛み止め等の薬をたくさん飲んでいたので、私は心配になって大きな病院での精密検査を勧めました。そして、本人も了承し検査を受けてくれたのですが思った以上に結果が悪く、すぐに手術をすることになりました。

　保険の効かない高額な治療は、私たちの家計を圧迫し、また、その後、姑さんは腸閉塞になり、夜中に何度も救急医療センターに付き添い寝不足で仕事に行く日だけでなく、睡眠もとらずに行くこともありました。しかし、「嫁は世話をするのが当たり前」だったようです。

　精神不安定だった姑さんに翻弄されながら10年間の同居生活が続く中、私たち夫婦もいろいろなことがありました。そして、2011年、同居生活10年目に、ついに私の心と体はギブアップの音を上げていました。まるで、私の心も体も縄でぐるぐる巻きになったようでした。

私はがんを発症しました。自分の病気の治療をしながら気難しい姑さんをお世話するのは厳しい状況でした。夫に勇気を出して「もう姑さんと一緒に住むのは無理です。」と言ったのです。その時、夫は、姑さんの施設入居を決断してくれました。私の入院2日前に息子が手伝ってくれたお陰で、何とか施設への引っ越しが済みました。そして、私の手術も予定通り無事に終わりました。

　姑さんは入居6年目に同じ入居者の方と大きなトラブルになり、また、支援拒否をするようになったため2019年4月、新しい施設に変ります。その時、私は既に再発の手術をして退院直後でした。それから、わずか3か月後に転移が見つかり私は、再々発の手術をしなければならず、姑さんの面会、通院は夫に任せていました。そんなある日、夫が「早く、お婆ちゃんにお迎えが来てくれないかな……」と呟きました。病魔と精神的に苦しむ母を楽にしてあげたい気持ちと夫自身も心身ともに疲れ切っていたのだと思います。

　そして、姑さんは、2020年12月にケアマネージャーさんの提案で新しい施設に変ります。コロナ禍の為、私たちは施設に入れず荷物を施設の方にお願いし帰ろうとした時です。姑さんとヘルパーさんとの楽しそうなお喋りと笑い声が聞こえてきて、その時、私は、長い間、確執はあったけれど、姑さんの笑い声が聞けてよかったと思いました。そう思える自分でよかったと、そんな気持ちになれたのは、内観のお陰です。

　それから、2か月後に姑さんは高熱を出して、よくなることはなく2021年2月にお別れすることになりました。

(3)「カウンセリング、そして集中内観へ」

　2016年、(姑さんが施設入居5年目)その頃の私は、姑さんからの言葉が頭から離れずに過去の出来事がフラッシュバックしていました。そんな時、真栄城先生に出会えた私は、月に一度カウンセリングを受けるために大和郡山に向かいました。電車の窓から流れる景色を「ぼーっ」と見ているのが好きでした。私にとって大和内観研修所への道は安らぎの道でした。また、私は、以前の職場を退職し、子どもに係わる施設で

心理嘱託員として働きました。

　しかし、2019年4月に局所再発をし、7月に転移が分かり自分がまさか、ステージ4になっているとは思いもしませんでした。主治医から「延命治療になります」と告知され、「死」が頭をよぎり怖くて先生のお話がほとんど頭に入らずにいました。告知された時も治療方針を決断してからも「心配」は、かなりのエネルギーが必要でふらふらになり、まるで真っ暗なトンネルの中を歩いているようでした。

　そんな時、真栄城輝明先生の顔が浮かび病院から先生に連絡をして、オンラインによる内観カウンセリングを通して、「夢解釈」もして頂きました。お陰様で少しずつ心の整理ができるようになり暗闇に光を見つけることができました。

　また、その頃、内観準備体操として生い立ちの記録を書くようになり治療から半年が過ぎた頃、2020年12月6日（日）〜12日（土）までの一週間、大和内観研修所で集中内観を経験することができました。先生のお勧めと、私自身が自分と向き合って、これからの人生をどう生きたいのか考えたかったからです。

　屏風の中で内観3項目に従って最初に母について調べました。たくさん、「して頂いたこと」があったのに、当たり前のように思っていた私は、自分のことを棚に上げて、姑さんには感謝して欲しかったのだと思い反省しました。内観後、私は、生み育ててくれた有難さを感じ、母に感謝状を贈りたいと思いました。

　また、研修中は毎夜なかなか寝付けず、3日目の壁にぶち当たり心の痛みと体の痛みが辛くて途中逃げ出したくなりました。弱音を吐く私に先生から「自分の心にメスを入れるんですから辛いんです。」と叱咤激励を受け、また、奥様には、いつも、体調を気遣って頂き、ヘルシーで美味しい食事を作って頂きました。お陰様で何とか一週間の研修を終えることができました。

　自分のあるがままの姿は、受け止め難かったのですが、素直で正直になることで毒素が体から抜けていくような感じがあり、私の頑固な思いや病気に対する怖さも緩みました。私にとって集中内観の経験は、心と

体への処方箋のようでした。

　そして、心も体もいい方向へシフトしていくことができ病気回復の大きな力になりました。

(4)「一日内観と私」

　内観面接士を目指したいと考えるようになった私は、2022年、4月と5月の2度、臨床心理士の都甲陽子先生の所で一日内観を経験することができました。私は、夫への愛と不信感について調べました。

　内観前に先生は、ヨガを一緒にして下さり、ライオンのポーズ、呼吸法も気持ちがよくリラックスできました。

　その後、内観へ入り姑さん、夫について過去の自分を調べました。夫は、姑さんと私の間でジレンマがあったのだと思います。それに、結婚当初から、夫は、私の親戚から嫌がらせにあいました。私ではとても辛抱できなかったと思います。夫の苦労をしみじみ感じ感謝の気持ちが溢れました。

　また、その一方で、夫から嫁姑問題の上手くいかない原因について私が姑さんを嫌っているからだと責められているように感じていました。私のせいで上手くいかないのかと悩んだこともありましたが、それとは逆に「何故、分かってくれないの」と夫を責める自分もいました。

　その後、内観の振り返りで、姑さんの持つオーラや態度に、過剰反応する私にも似た部分があることや、また、夫の母への強く深い愛情に嫉妬したのだと思います。私は、夫を大切にしたい気持ちと不満や寂しさのアンビバレントな2つの感情が背中合わせにありました。そして、先生から、心は波のように動くことを教えて頂きました。

　内観中は自分の嫌いな自分が見えてうろたえましたが、ほんとうに感情と向き合えてよかったと思います。

(5)「日常内観は果たして実生活で役に立つのか」

　私の感覚では、集中内観から一日内観の経験ができたことは、より深い心の旅に出たような思いがします。今、日常内観が継続できるのは、

そういった経験からではないかと思っています。

　そして、今回のテーマ「日常内観は果たして実生活で役に立つのか」についての感想です。集中内観や一日内観は非日常の世界で自分を見つめることが出来ます。私の場合、日常内観で感じるのは無意識に一瞬で内観の世界につながることができるのは凄いことだと思っています。「日常と内観の融合」そのようなイメージです。いつでも内観が自分のタイミングでできるので、プレッシャーも少ないです。

　また、役に立つ視点からは、集中内観で経験した内観前の掃除は日常内観でも同じように心が落ち着きます。掃除しながら内観していることもあります。そんな一日のスタートは気持ちがよく、忙しい時も、夜には一日の疲れをお風呂で癒し内観していることも多いです。

　体を温めると血の巡りも良くなり体だけでなく心にも良い影響があると思います。日常内観を続けていくことで一日が有意義に感じられるようになりました。

　このように、私の場合、日常内観は、実生活でとても役に立っています。

　また、人生を振り返ると37年間の結婚生活は、お互いにいろいろなことを乗り越え今があると思います。子どもたちが生まれた時は、ほんとうに嬉しかったし、子どもたちを通してたくさんの経験をさせて貰えたことや家族旅行の思い出、中でも四国八十八か所巡礼の旅は楽しい思い出です。

　そして、今は、孫の笑顔に癒されています。

　そんな私が感じていることは、内観の素晴らしさです。日々、自分を見つめる時間の大切さを知り、凝り固まった心が少しずつ緩むと体調にも良い変化があったことを実感しています。今、有難いことに私のがんは何処かに行ってしまいました。

⑹「わたしのこれからの人生」

　集中内観経験後、しばらくして、「つながりの会」に参加させて頂き、会員の皆さんからパワーを頂いています。ほんとうに、有難いことです。

真栄城先生はじめ、奥様、都甲先生、つながりの会の皆さんほんとうに
ありがとうございます。
　そして、私が重い病気を乗り越えられたのは、主治医をはじめ医療従
事者の方々にお世話になったのは勿論、家族、そして、支えてくださっ
た皆さんのお陰です。ほんとうに感謝の気持ちでいっぱいです。これか
らは、感謝の気持ちを忘れずに、自分が助けて頂いたように、少しでも
誰かの暗闇に光が届くお手伝いが出来ればいいなと思います。

　最後になりましたが、真栄城先生のおっしゃる「相手の悲しみを共に
悲しみ喜びを共に喜ぶことにエネルギーを注ぐことのできる専門家」を
目指して一歩一歩頑張りたいです。
　そして、これからの人生は、自分の好きな自分になって、歩んでいけ
たらと思っています。

シンポジウム③ ～職場での人間関係を見つめて～
歌川道生 （つながり参加歴９年の日常内観初心者・薬剤師）

1．私の内観／つながり参加歴
　初めて集中内観をしたのは2013年年末から2014年年始にかけての1週間でした。

　その直後、2014年の2月（第31回）よりつながりの会に参加しています。当時のつながりの会への参加は、内観することよりも、「困りごとの解決」が目的であり、その後8年もの間、日常内観の習慣をつけるには至りませんでした。

　縁あって、2022年9月に8年ぶりに集中内観を行った際、日常内観をしようと思い立ちました。そのような経緯ですので、「つながり歴9年の日常内観初心者」ということで、よろしくお願いいたします。

2．職場でのエピソード・ストレスチェックのフィードバック研修
1）職場会合への出席要請
　上司のC部長からストレスチェックのフィードバックとかいう会合への出席を指示されました。私の所属する部署では、入社2年目のSさんがメンタル不調で休職しています。C部長に加え、そのSさんの上司であるR課長と2人、名指しで出席要請がきていました。私は部署全体諸々お世話する立場にあることから、私も出席する流れとなりました。

　なにやら得体のしれない会合ですが、なんらか予習をして臨みたいという気持ちになりました。

2）情報収集のため、ストレスチェックの実務者に訊いてみた。
　そこで、つながりの会でお世話になっていた、ストレスチェックの実務者である土橋さんから情報収集することにし、チャットで連絡を取りました。

　土橋さんからは、「名指しで呼ばれた管理職はいい気持ちはしないだろう」という感想に加え、「自己分析が済んで状況が客観的に見ること

ができているかどうか」という趣旨のコメントをいただきました。

　私は、「呼ばれた管理職」の立場に立ってものを考えておらず、自分の見方が偏っていることに気づかされました。そこで、会合までの数日間をSさん、R課長に対して内観し、もう少し自己分析を深めてみようと思い立ちました。

3）Sさんに対する内観

　お世話になったこととして、外からかかってきた電話を取り次いでもらったことが想起されました。それに対してして返したこととして、電話取次のお礼を言う際、相手先のミニ情報を伝えたりしたことがありました。しかしながら、かえって情報過多になっていたかもしれないと思いました。迷惑をかけたこととしては、会社の英語教育プロジェクトに手挙げしてくれたのですが、プレッシャーのかかる内容だとは知りつつ、言われるがままにそのプロジェクトに放り込んだことが、調子を崩した一因になったかもしれないということを思いました。

　ただ、Sさんは休職中であり、現在のところ、本人から話を聞ける状態にはないこともあり、私の言動とSさんの不調との関連については、真相は不明です。

4）R課長に対する内観…をしようとした矢先に起きた出来事

　前日と同じように、夕方仕事帰りの移動時間にR課長に対する内観をする予定にしていたその日の出来事です。

　他社から間違い電話に対するクレームの電話が入り、原因がR課長の部下、K君のミスと判明しました。諸々対応し、相手先に謝る段階まで来たときに出張中のC部長に経過を報告したところ、「R課長に対応してもらったら？」とのコメント。それをR課長にそのまま伝えたところ、「いままで何の対応もしていない中で最後の対応だけ振られるのは納得いかない」とつっぱねられました。

　この一件で、気持ちはズタボロになってしまい、とても内観三項目を冷静に考えられる気分ではなくなりました。

5）内観抵抗はなぜ起きたか？

　気を取り直し、「自分の心の中で何かが起きているはず！」という前提で、この一連の出来事を振り返ってみました。

　正論で押され、言い負かされたくやしさかと思ったのですが、もう少し考えてみると、今までの経緯を考えず、上司の提案を丸のみした自分の迂闊さが許せなかったことに思い至りました。また、R課長とのやり取りを見ていたY課長が会社裏の公園に連れ出してくれた際に、「俺がいなかったらうまいこといっていたのに！」と泣き言を言いました。Y課長は「それまではちゃんとやってくれていたじゃないですか」と言ってくれたのです。

　自分の思考・発言の癖として、目の前の現実から逃げたいときに甘えの言葉が出がちなことや、失敗ばかりに注目する傾向があることがわかりました。また、振り返りを助けてくれる同僚がいることも知ることができました。そして、真に対話すべき相手（心のザワザワの原因）は、自分自身であることを知りました。

3．日常内観は果たして実生活で役に立つのか？

　今回の事例では、内観抵抗から自分の心を探り、思考の偏りを発見できました。そもそも内観しようという意思がなければ内観抵抗は起きませんし、「自分の心の中で何かが起きているはず！」の発想も、やはり内観しようという意思から生まれたように思われます。また、あの日に自分の心を振り返っていなかったなら、R課長とギクシャクした関係が続いていたかもしれず、単純にアンガーマネージメントとして役に立ったと思います。

　今回の件で、「ピンチはチャンス」という言葉が浮かびました。ピンチの時ほど、自分の思考、発言の癖が見えてくるし、自分の癖が見えれば、課題を明確にすることもできます。

　以上のことから、内観には、「自己との対話を促し、ピンチをチャンスにする力」が秘められているのではないかと思います。これからも、細く長く日常内観を続け、貴重な習慣としていきたいと思います。

指定発言1　産業カウンセラーの視点から　舟橋正枝（公認心理師）

　産業カウンセラーとして従業員さんのカウンセリングをしながら、絶えず考えさせられています。さまざまな理由で相談に訪れますが、話していくうちには人間関係の問題にたどり着きます。最終的には、自分の問題ですが……人生の課題にたどり着きます。ところが、それは私の課題としてブーメランのように返ってきます。

　こんなカウンセリングを通して、幸せとは何か、人生の目的とは何か、と考え続け、たどり着いたのは、「人生の目的は成長すること」です。
　怒り、悲しみ、不安、寂しさ、不信感など、また、愛と憎しみという相反する感情に振り回される私たちですが、その中に、それぞれの人生の課題が潜んでいます。

　では、成長とは何か？　問題を抱えたその時点で、今、私は何が満たされていないのか、私は何を望むのかを、自己会話できること。それだけではなく、でた答えを日々実行していくことだと思います。
　歌川さんは「今、心の中で何かが起きているはず」と自問自答し始めました。海藤さん、菅田さんは、ずっと続けている自分との対話、素晴らしいです。
　皆さんは内観3項目を自分に問いかけ、いろいろな気づきを得ています。ですがそこで終わらずに、皆さんが内観で得た気づきを活かして、心の修正を日々努力していることに、私も今日の発表から励まされます。

　では、気づきを実行していく中で、何が大切か？　なのですが、「自分のよき味方」になれたらより楽になるでしょう。自分に必要なものは、まずは自分で満たしてあげるのです。

　自責の人も他責の人も、納得には至りません。自分との会話を繰り返し、これでよしとできた時に納得できます。幸せとは、これで良し、こ

れで充分と納得できることではないでしょうか？　それは人生の最後の日ではなく、現在の日々の中でできたらと思います。その助けになるのが日常内観なのですね。

●海藤則子（のりこ）さん

　海藤さんの課題の大きさが、このつながりの会を持続する力になっているのですね。

　ありがとうございます。

　子供の頃からずっと叫んでいた「小さな私」が暴れ出しました。海藤さんは「小さな私」の声をしっかり、ずっと、聞いてあげています。海藤さんが「小さな私」のいちばんの理解者です。自分を大切に生き始めていますね。

　内観をして母への感謝がわき、最近では、夫がしてくれている大切なことにも気づいています。「夫は夫なりに私を大切にしてくれている」ということですね。

　それでも、家を飛び出したくなることが今もあって、日常内観をすることで、やっとのことで自分を保っている日々。

　小さな私をギュッと抱きしめてあげられるようになったことは、お聞きしてとっても嬉しいです。小さな私からの叫び声を聞き、そして小さな私に優しい声かけをしている海藤さんですが、質問です……

　小さな私が今の海藤さんにかけている優しい言葉が聞こえますか？

　もう１つ質問ですが、夫との２人の関係で期待している思いで、今から捨ててしまってもいいものは何ですか？　今、思い浮かばなくてもいいですよ。

●菅田ゆかりさん

　お姑さんとの同居10年の間に、夫婦関係はギクシャクとする中、ご自身のがん発症。

さぞかし夫からの理解とヘルプが欲しかったことでしょう。

　夫も母親と妻との間に挟まり苦労してきたのだと気づき、感謝の気持ちが溢れました。
　お姑さんに対して嫌悪感があることに気づきました。私のせいでうまくいかないと自責の念、なぜ分かってくれないの、という夫への他責の念の両方があります。
　過剰反応する自分に、お姑さんと同じ女性として似た部分に気づき、さらに、自分の中の女性的なものにショックを受けました。

　日常内観を続けていて、一瞬で内観の世界に繋がるのは、素晴らしいですね。羨ましいです。日々を気持ちよく暮らせていて、どんな感情も否定しないでいいと思える。そんな生活の中、がんがなくなってしまった。ミラクルが起きました。

　菅田さんへ質問です、最後の言葉の「自分の好きな自分になって」というのはどういうことですか？　「目標となる自分になっていくこと」、「自分が好きでいられる自分になること」両方あると思いますが、今、皆さんの前で
「私は自分が好きな人間です」と言ってみてどう感じますか？

　2つ目の質問です。ご自身の女性的なものを、今はどう感じていますか？

●歌川道生（みちお）さん
　日常では嘘をついて生きている自分に気づいていて、逆に、法座では正直な自分でいられるのですね。
　職場の人間関係は、嫌なら付き合わないという事ができない、選択肢のない世界です。だから相性の悪い人に出会ってしまうと辛いですね。R課長がどうしても合わない人かどうか、もしそうなら上手に距離感を

保ち、危ない時には「もうこれ以上近づかないで」と境界線を引いて自分を守る必要があります。人には自分を守る権利があるのです。

　歌川さんはR課長への思いを探ってみました。初めはねじ伏せられた思い。悔しいですね。次に自分の迂闊さのせいという自責の念。辛いですね。そうして、現実から逃げたい時に甘えの言葉が出ることに気づき、自己理解が深まりました。他責でも自責でもなく、逃げ出す「自分の癖」が課題と分かったのですから、素晴らしいです。
　気づいたら変えていけます。あとはどう変えていくのか、甘えの言葉に代わる、具体的な言葉を創れると助けになります。
　Y課長がよき理解者で嬉しいですね。いい対応をしていたと見てくれていましたし、認めてくれています。歌川さんの親身な人への接し方は私たちも知っています。さらに、歌川さん自身が自分のよき理解者になれるときに楽になれますね。
　ピンチの時に内観を通して自己対話をして、ピンチが成長の機会になる。これこそが内観の求めることでしょう。

　歌川さんに質問です。今後の備えですが、
　甘えの言葉が頭に浮かんできた時に、これからはどうしますか？
　2つ目、今、発表した自分に何と言ってあげますか？　自分への声かけを口に出してみてください。

　日常内観を続けている3人の皆さんありがとうございました。
　「つながりの会」がこれからも、誰かの気づきを皆んなで話していける場であり続けることを心から願っております。私にとっても、個人的問題を共有させていただきながら、深く考える場となっています。

指定発言2　心療内科医の視点から
伊津野巧（九州大学大学院医学研究院 心身医学・心療内科医）

【はじめに】

「大和つながりの会」が発足して130回を迎えて、記念大会が開催された。具体的な内容は別紙のプログラムに譲るとして、表題のテーマで開催されたシンポジウムにおいて指定発言者として登壇する機会があり、心療内科医の視点から発言したので、ここに再録して述べることにする。

【集中内観と日常内観】

　内観には、集中内観と日常内観という2つの型がある。内観を行う施設に身を置いて、和室を屏風で区切った隅にこもり、1週間かけて、自分の身近な人々（母、父、配偶者など）に対し、内観3項目（お世話になったこと、して返したこと、ご迷惑をかけたこと）に基づき、過去の自分の言動を省みることを集中内観と呼んでいる。一方、日常生活のなかで、一定の時間、内観を行うことを日常内観と呼んでいる。

　集中内観後、日常生活に戻ってからも日常内観を続けたいと思う人は少なくないが、それを実行するのはなかなか難しい。その一因として、日常内観の効果が実感されにくいことが考えられたため、今回、表題のテーマのシンポジウムが企画された。

【日常内観の効果】

　日常内観は「筋トレ」みたいなものではないか。日常的に筋トレをしている人でも、スポーツ選手やボディビルダーなどでなければ、意識的に筋肉を使っている人は少ないと思うが、その鍛えた筋肉は「意識されないところ」で役に立っている。筋肉量が多いと、基礎代謝量が増加してその人自身に合った体型になったり、寿命が長くなったりするなど、その例として挙げられるが、日々を過ごす中では気づきにくいことだと思う。日常内観も同じようにして、日常内観を行うことで内観「的」な認知や行動を日常的にトレーニングし、その考え方が「意識されないと

ころ」で役に立っているのではないかと考える。

　心理学では、経験によって生じる行動の変化を「学習」と呼んでおり、日常内観では、内観的な行動パターンを「学習」しているといえる。このような学習を議論する上で、私が大事にしたい意見として、「学習されたパターンは消えない」ということを紹介したい。この考えは、精神科医で精神療法の大家である神田橋條治先生の「精神療法面接のコツ」からの引用であり、その本の中で「「こだわり」を脱した人びとの場合、「こだわり」のパターンは不変のまま、「こだわりを脱する」パターンがつけ加わる」と述べている。もともと学習していたパターンに、日常内観を行うことで、内観のパターンがつけ加わり、それぞれのパターンをその時々で行ったり来たりしているということである。筋トレのたとえを用いるならば、筋トレをしてがっしりした体を手に入れた自分と、筋トレをする前のひ弱な自分が同時に存在しているということになるかと思う。行動のパターンは、「上書き保存」ではなくて、新たに「名前をつけて保存」されるというイメージであり、それら新旧のパターンを自由に行き来できることが重要だと思う。

【シンポジストへの質問】

　そこで、先ほど発表されていたお三方への質問に移りたい。お三方はもともとのパターンと日常内観で学習したパターンを意識せずに自然に行き来しているのではないかと思う。このようなシンポジウムでは、日常内観を行っている最中に発見したことなど、その意識にのぼってきたこと（いわゆる洞察）に注目されやすいが、今回は日常内観が「意識されないところ」で役に立っているのではと私が感じたところを取り上げるので、振り返ってもう少し詳しく解説して頂きたい。

●海藤さん

「ところがある日、私が産むことのなかった赤ちゃんの供養をしにお寺に行った帰り道で、私は親をうらむ資格などないと気付きました。」大きな転機だったと思うが、この洞察に内観のパターンが関係しているの

かもしれない。そのときの心の動きをもう少し詳しく聞きたいと思う。

●菅田さん

「姑さんとヘルパーさんとの楽しそうなお喋りと笑い声が聞こえてきて、その時、私は、長い間、確執はあったけれど、笑い声が聞けてよかったと思いました。そう思える自分でよかったと、そんな気持ちになれたのは、内観のお陰です。」この発言は、「意識せずに」内観のパターンになっている場面を描写していると感じた。「自然と」そう思えたということが重要だと感じるが、そのときの心の動きをもう少し詳しく聞きたいと思う。

●歌川さん

　私は揉めている当事者に内観を勧めるという発想が最初に出てきたが、そうではなく、歌川さん自身が当事者に対して内観をしようと思った心の動きをもう少し詳しく聞きたいと思う。

【回答を受けて】

　お三方の回答には、「自然さ」がふんだんに盛り込まれていた。ある状況では（ネガティブな感情が喚起されている状況が多い）反発心や敵愾心に苛まれることもあるが、ある状況では自然に内観の考え方に沿っている。このスムースな切り替えの背景には、「何とかしよう」という意思が重要だと思うが、この「何とかしよう」の前段階である「何とかしたい」で滞って進まないことが多々ある。「何とかしたい」から「何とかしよう」へ変化させることにはエネルギーが必要であり、お三方は集中内観の経験に基づいた自身の力への信頼がその源となったのかもしれない。「したい」から「しよう」への変容より始まる連鎖反応が、内観的パターンの発露、それによるwell-beingの向上に繋がっていると感じる。

　ここで、すべてが全て、内観に沿った認知と行動の方がよいのではないかという疑問も出てくるが、どう思われるだろうか。私はそうではな

いと思う。揺れ動く心の中にドラマが生まれ、人生の生き甲斐が生まれるのかもしれないからだ。人生百年、シンプルで味気ないものよりも、ごてごてと増設に増設を重ねた建築美に妙に惹かれるものである。先ほどの「精神療法面接のコツ」から再びの引用であるが、「（精神療法の）治癒像の理想形は、無数のパターンが織りなす『かのような混沌』である」。ヒトの心は複雑な要素から成り立っており、生じる感情や反応も一貫しているわけではなく、完璧さを求める必要もない。この「混沌」という表現は、ヒトの心の多様性と変容の可能性を示唆しているのかもしれない。

【おわりに】

　シンポジウムを通して、日常内観を実践しているお三方の物語を拝聴することができた。このように示唆に富むナラティブの中から、日常内観のエビデンスを発掘できると思うし、これからも探求していきたいと思う。私の指定発言が俯瞰的で冷たく感じるところもあったかもしれないが、舟橋さんの指定発言は彼女らしい情緒的なものであったので、なんとなくバランスの取れた議論になったと感じた。

　つながりの会は、内観をひとつの軸として、それにまつわるあれこれを議論していくことのできる集まりだ。年齢・性別、職種、立場、主義・主張など社会的なカテゴリーが実に多彩であり、時には寄り添い、時にはぶつけ合い、そこから生じる生々しい力動を雰囲気として感じることができる。そのようにして、深淵を覗き、混沌を取り込み、内観への考察は深まるばかりである。

シンポジウム　座長（都甲陽子・真栄城輝明）としてのまとめ

　今回のシンポジウムを「大和つながりの会」のメンバーだけで開催できたことは画期的なことだと思います。普通は指定発言者を他から招いて助言をしてもらうことが多いのですが、本会は自前でそれをまかなえるほど人材が豊富だということでしょう。

　今回のテーマ（日常内観は果たして実生活で役に立つのか？）のシンポジストを引き受けることができるひとは、日本内観学会の会員を見渡してもそれほど多くはないと思いますが3名のシンポジストはそれを実践しているという意味で人後に落ちることはないでしょう。そして、各シンポジストの発言を聞いてコメントするには身近にいてその実践ぶりをよく知り、かつ内観だけでなく心の問題に精通している専門家がふさわしいのですが、今回のお2人は適任者としてこれ以上にない指定発言者だと思いました。誰が企画して人選したかわかりませんが、そういう意味で今回のシンポジウムは内容豊かな実りあるものになったのではないでしょうか。

　本会のメンバーは全員が集中内観体験者で構成されていますが、主婦や会社員はもとよりですが、クライエントして医療機関や相談室にお世話になっているメンバーもいます。

　一方、普段はクライエントやペイシャントの相談や治療に携わっている専門家（医師・臨床心理士・公認心理師・内観面接士）が10名もいますが、そのうちの3名に座長のひとりから次のような質問が飛び出しました。打ち合わせにはなかった想定外の無茶振りに近い質問にも動じることなく3名（医師・臨床心理士・産業カウンセラー兼公認心理師）が応えてくれました。

「なぜ、この会に参加しているのですか？本会に魅力があればそれをお聞かせください」
　それに対する3名の方の回答は以下のようでした。

産業カウンセラー兼公認心理師Ａさん

　日頃は人の悩みを聞く立場ですが、メンバーの悩みや課題は、私の問題でもあるので参考になります。ここでは、自分自身の悩みも話せて、メンバーの一言一句に自分自身の課題があぶり出されて、教育分析を受けている感じがするのです。

医師Ｂさん

　はじめは、内観の研究をしようと被験者集めのつもりで参加したのですが、実際参加してみると生々しい話が聞けて、ビビットな感じをうけてそれがとても面白いと思いました。本会には楽しみに参加しています。参加すること自体がためになるし、聞くだけで有意義です。

臨床心理士Ｃさん

　専門家然としない自分になりたくて殆ど皆出席で参加しています。横並びの関係になるのが、すごく快適です。自分の悩みも言えたり、ひとりのメンバーとなって助言してもらえたりすることは、相互スーパービジョンと言ってもよいと思うのですが、そういうやりとりがものすごく心地よくて、ここにしかないと思っています。

　Ｂさんは医師らしく、日常内観を筋トレに譬えてコメントされていましたが、心の筋肉を鍛えるにはどうすればよいかと言えば、自分自身の悩みをきちんと悩むということが大事ではないか、ということでした。確かに人間関係は難しいのですが、その中でも家族の関係、それも夫婦の関係が最もむつかしいということが本日のシンポを通して感じました。
　そのもっとも難しい夫婦関係をしっかり悩まれたご夫婦が揃って参加してくれたことは座長としても大変うれしい限りです。妻はシンポジストとして、夫はフロアの参加でしたが、おそらく保護者のように妻を見守りに来たのではないでしょうか？
〈そこで、座長はまたまた無茶振りでフロアの夫にマイクを向けてしまいました〉

座長：今日、参加していただき、ありがとうございます。妻の口から夫の問題点を指摘する発言がありましたが、もし、感想があればお聞かせくれませんか？

　K夫：妻の言う通りで、間違いありません。妻がこんなふうに人前で臆することなく堂々と話す姿を見てうれしかったです。妻に内観を勧めたのは私ですが、帰宅したときの姿を見てびっくりしました。後光がさしていました。本当に内観のお陰です。激変した妻を見て私も集中内観を2度体験しました。妻は内観の申し子ですね。自宅を新築しましたが、自室を内観室にしてしまいました。そこで、日常内観を日課にして続けているようです。

　K夫婦の離婚の危機を救ったのが集中内観とその後の日常内観だというのです。

　心に筋肉ができてくると、自分のことを考えることができるようになる、ということを実践して見せてくれているのがKさんですが、筋肉がついてないと、自分のことを対象化して直視することはできない。日常内観を続けることがそれを支えることになるのです。

　日常内観を続けるためにどうしたらいいのか？という問いにKさんは「話す場所、聞いてくれる仲間が必要だと思います」と答えています。「そういう場があれば、私の日常内観が続けられると思う」というKさんの希望を受けて2011年に本会が結成されました。

　吉本伊信先生は、面接者は分からないことは内観者様に聞けとおっしゃっていました。

　そして「内観者についていけよ、指導するのではなくて。内観者の内観を邪魔することなくその声に耳をすますよう」という声に従って、「大和つながりの会」ができました。

　この会の生みの親は、Kさんです、と言っていますが、そのKさんに内観を勧めたのは夫なので、生みの親はK夫妻ですと言い換えようと思います。

【第二部】7.饗宴(シンポジウム)やまと音楽まつり（音楽と内観）

NATURE 〜やさしさに抱かれて〜 TUNAGARI MUSIC GROUP

司会：石合洋子・佐藤章世

【テーマについて】

　今回私たちがテーマを決めるにあたりこんなやりとりがありました。
「まず、テーマで思い付くのが『自然』。自然に振る舞うとか。無理なく自然とか。生きる時に自然に生きられたらいいなとか。」
「ありのまま、あるがまま…ですね。」
「テーマに「まつり」を入れたらどうでしょう。言葉の響きの中に、楽しさの中に込められた祈りが感じられる気がするのです」
「それに、フラットな会場なので、あたたかな雰囲気が伝わる…ふわふわ←いいですね…そのような時間になったらいいですね。」
　そんなやりとりの中で今日の音楽セッションのタイトルが決まりました。
　今日のために演奏の皆さんも頑張って準備をしてきました。記念大会の最後に皆様と心温まるひとときにしたいと思います。
　どうぞよろしくお願いいします。(佐藤)

【音楽と内観】

〈宴者(奏者/歌唱)〉
①石合洋子・他：「つながりのうた〜みんなの思いをつないで」
②佐藤章世・真栄城輝明・他：「つながりのうた」
③石合洋子：「いついつまでも」歌・歌川道生 石合洋子
④佐藤章世：「寂しい朝に」フルート 佐藤章世　歌・歌川道生 ピアノ
　　石合洋子
⑤武藤貴文：「失くしたあとも」「Journey」ギター独奏
⑥岩本昌幸：「上を向いて歩こう」ウクレレ独奏
⑦全員：「ふるさと」「千の風になって」電子ピアノ、ギター、ウクレレ、
　　ハーモニカ
⑧真栄城輝明・直子：「己がよくみえる」「内観のうた」

*⑦と⑧は、全員でうたう。

【饗宴の始まり】

　さていよいよこれから音楽の時間の始まりです。音楽の本質は『調和（ハーモニー）』と言われます。 メロディ抱かれここに参加されているみなさんの思いを調和させてみようではありませんか。 音楽のやさしさ 温かさに包まれ まだ見ぬ自分と出会うこともあるかもしれません。歌ったり、リズムをとったり、踊ったりＯＫ!!この時間はスカイプ書き込みも大丈夫です。ご自由にご参加ください。

　それでは、始めてまいりましょう。

　まずは、つながりのうた2曲です。 つながり〜みんなの想い重ねて〜と「つながりの会のうた「つながる」です。

　みなさんもご一緒に、2曲続けてお願いします。

つながり〜みんなの想い重ねて〜
作詞作曲 石合洋子

1 本当は出会うはずもない

　同じ想いで　出会えた 仲間

　大和郡山の地で

　共に胸のつかえをいやし

　愛されていた あの日を 気づけた

　つながり つなげ　明日へ

　つながり つなげ　明日へ

　つながり つなげ　明日へ

　いっぽずつ

2 本当は出会うはずもない

　それぞれの空のもと 思いを寄せた

　大和郡山の地に

　共に心おだやかになって

　愛されていた あの時を 語り合い

　つながり つなぐ　明日へ

　つながり つなぐ　明日へ

　つながり つなぐ　明日へ

　あるきだそう

　つながり つなごう　未来へ

　つながり つなごう　未来へ

　つながり つなごう 未来を　描いて

つながりの会の歌「つながる」

作詞 佐藤章世 作曲 真栄城輝明

1 ゆきかう言葉 受け止める

　怒りイラ立ち 辛かった昨日

　今日のきみと 明日のぼく

　つながるきもち なつかしく

　つながるえがお 青いそら

2 あふれる思いは　そのままに

　喜び哀しみ 悔しかった昨日

　今日のあなたと 明日のわたし

　つながるこころ あたたかく

　つながるなみだ 碧いうみ

〜 interview 〜

　この曲は、内観面接の陪席をさせていただきながら、書きたくなり作詞しました。左脳と右脳のバランスを取りたかったこともあったかもしれません。内観者の方の心の声が聴こえたような気がして、「ギュッとしてね」のフレーズが浮かびました。私自身の気持ちも投影され、2番の歌詞は、無常観にもつながっています。

「これから2人歩いてどこまで行こう 重ねる時間限りあるから」

　この部分は、歌いながらこみ上げることもあります。

　今回、歌川さんに歌っていただけることが叶いとても嬉しく思っています。いついつまでも……その想いをいまギュッとして……

いついつまでも

作詞作曲 石合洋子

1 あの時 二人出逢って ここまで来たね

　過ぎた時間は 長いけど

　どれだけ おんなじ時間 一緒だったかな

　君の笑顔 あなたの優しさ

　ときどき モノクロになる

　だから ギュッとしてね

　いつも ギュッとしてね

　ゆめでギュッとしてね いついつまでも

2 これから 二人歩いて どこまで行こう

　重ねる時間 限りあるから

　どれだけ 二人の彩り 重ねていけるかな

　君の笑顔 あなたの優しさ

　セピア色の輝き増して

　だから ギュッとしてね

　いつも ギュッとしてね

　ゆめでギュッとしてね いついつまでも

だから ギュッとしてね

いつも ギュッとしてね

ゆめでギュッとしてね いついつまでも

~ interview ~

「どうしても湧いてきてしまう寂しさ」があります。

　そんな気持ちに苛まれていたある朝、ぼんやり光る球体がお腹のあたりに入るような夢を見ました。すると、それまで寂しさよ消えて、ともがいていた思いが、これもありのままの自分なのだと変わって、その時浮かんだ「懐かしい」というフレーズが音として浮かび、この曲が生まれました。

　詩は、十数年前に訪れたボストンの海岸の、大きな砂の城が波に崩れていく様子と、紫色に染まる夕暮れが思い出されて、その時の様子を描いています。夕暮れの海の寂寥が、リンクしたのでした。

　今日は仲間と一緒に演奏していきます。

寂しい朝に

詩と曲 佐藤章世

1 なつかしい あの夏 君のおもかげ

　渚に たたずむ 砂の城

　無邪気にはしゃぐ 少年の

　煌めく幼い 日々の記憶

　傷つけて 傷つき

　泣いたこと

　許される 許そう

　明日は

　つながる心 手のぬくもり

2 なつかしい あの歌 夏の黄昏

　レースのように 雲はたなびく

　引いてはよせる 白い波

　涙はやがて 海となる

　満天の星空

　流れ星

　何億光年の

　彼方より

　つながる命 胸にいだき

～ interview ～

次はギタリストとしてもご活躍の武藤さんの演奏です。

「失くしたあとも」は、日本のソロギターの第一人者が亡くなられました。しかし残された我々はその志を引き継いでいかなければならないと思います。そうした想いをテーマに書き下ろした曲です。

失くしたあとも

作曲 演奏　武藤貴文

ギター独奏♫

～ interview ～

「上を向いて歩こう」は、全米で1位を獲得した名曲です。

第二次世界大戦の戦中戦後、厳しい差別の中生き抜いた日系アメリカ人たちにとって、この曲のヒットは、日本人としての誇りの回復につながったそうです。時代を超えて私たちの心を応援し続けてくれています。

岩本さんは、28歳の秋に、バイクで友人と行った屋久島の安宿でウクレレ の弾き語りをする男性に出会い、その時に聞いたこの『上を向いて歩こう』に 魅せられて、ウクレレを始めました。あの日の思い出が今につながり、とても 感慨深いとコメントをしてくれました。

おおらかさの中にほのかな哀愁を感じるこの曲を、今日はつながりの会の“ウクレレMASAYUKI”が演奏します。

『上を向いて歩こう』岩本昌幸

作詞 永 六輔 作曲 中村 八大

※（著作権の関係から歌詞は省略）

～ interview ～

「ふるさと」あるご婦人のお話です。

幼い時に母親と生き別れ、家庭の温かさを味わうことなく大人になりました。内観に巡り合った時、『こここそが我が心のふるさと』と本能的に分かりましたが、その悲嘆は、彼女の心を少女のまま辛い世界に封

じ込めたのでした。そしてその間はどうしてもこの歌を歌うことができな かったそうです。その後、諦めずに日常内観を続け、「それでも産んでくれてありがとう」とお母さんに内観ができた時から、歌えるようになったのだそうです。

　私たちの多くは何の苦もなくこの歌を歌うことができます。このエピソードは、この世に存在するはそんな苦しみ、そして、そこからの回復する力、レジリエンスが、私たちにはあるということを教えてくれました。

　その次に演奏するのは「千の風になって」です。

　この曲は大和内観研修所では、就寝前流されるので、ここにお集まりのみなさんは、それぞれに思いがおありなのではないでしょうか。

　そう遠くないいつか死んで自然に帰っていくのでしょう。その時は風になっているのでしょうか、それとも風にのっていくのでしょうか。

　吉本伊信先生のおっしゃった「死をとりつめる」とはどういうことなのか。さあ、それでは、みなさんもどうぞご一緒に歌ってく ださい。

　2曲続けてお願いします。

合唱「ふるさと」

ふるさと

作詞：高野 辰之 作曲：岡野 貞一

1 兎追ひし 彼の山
　小鮒釣りし 彼の川
　夢は今も 巡りて
　忘れ難き 故郷

2 如何にいます 父母
　恙無しや 友がき
　雨に風に つけても
　思ひ出づる 故郷

3 志を 果たして
　いつの日にか 帰らん
　山は青き 故郷
　水は清き 故郷

合唱「千の風になって」

※（著作権の関係から歌詞は省略）

~ interview ~

「己がよくみえる」は、原作は佛教大学学長の田中典彦先生が、日本内観学会京都大会の特別講演でご紹介くださったエピソードが原点です。

　若き日にインドの大学に留学なさった時、街中の吟遊詩人が即興で作詞作曲した歌をテープにとって、その後翻訳したと、お話しくださいました。内容もさることながら、現代から、まるで中世の世界にタイムスリップしたインドの様子が強く印象に残っています。

　そして、それをもとに真栄城先生が編詞作曲してくださり、今日は奥様とご一緒に演奏してくださいます。この日のために、猛練習をしてくださったとお聴きしています。

　石合さん歌川さんも歌で応援します。

　みなさんも一緒に歌って、みんなで目玉をひっくり返しましょう!!

己がよくみえる 原作：田中典彦
編作・作曲:真栄城輝明

	《原作》
せんめんきの中に	
しおみず つくり	洗面器一杯の塩水つくり
とんとんとん トントントン おでこを叩け	そっとあなたの顔を映せ
目の玉 ころり	でこちん、とんとんとん、
ころがっておちて	3回たたけ
ガシャ ガシャ ガシャ	あなたの目の玉
ゴシ ゴシ ゴシ	ころりと落ちる
きれいに洗ったそのあとで	それをきれいに洗いなさい
ひっくり返して入れてみな	カチャカチャカチャと
己(おのれ)の心がよく見える	音がする
きれいに洗ったそのあとで	きれいに洗ったその後で
ひっくり返してみてみれば	ひっくり返して入れてみよ
己(おのれ)の姿がよくわかる	おそらく 己がよく見える

~ interview ~

さて、本日最後の曲になりました。

ご存じのように、「道のうた」は、内観から生まれた、すべての人生の道しるべとなる、大切な宝物のような「うた」です。それを昨年、真栄城先生が新しく曲に仕上げて下さいました。おかげで、より私たちの身近な歌として生まれ変わりました。

今日は先生と奥様に演奏していただくのですが、そこで提案があります。この歌を 一緒に声を揃えて歌うことで、いつも、陰日向なく私たちを見守り、内観の時はお世話してくださる、お二人への感謝の気持ちにしたいと思います。

どうでしょうかみなさん!!（拍手）

サンシンバージョンも新たに追加されました。

内観のうた

作詞作曲 真栄城輝明

1 これから通る 今日の道
　わたしの前の 新しい道
　山坂多い 旅の道
　通りなおしの 出来ぬ道

2 きのうがいまを 作り出し
　いまが明日に なってゆく
　苦しいことから 逃げだせば
　楽しいことも 遠ざかる

3 幸せはどこに すがたなし
　誰にも見えず 人知れず
　だけどみんなのそばにある
　明日の光を 胸に抱く

（サンシンバージョン）

4 なまからいちゅん ちゅうぬみち
　（これから行く 今日の道）
　みぬめーぬぅみちどぅ わんみちどぅ
　（目の前の道が 私の行く道だ）
　やまさかぬぶてぃ たびぬみち
　（山坂をのぼっていく 旅の道）
　むどぅいるくとぅん ならんみち
　（戻ることのできない道）

5 内観ぬうた 道ぬうた
　うやぬゆしぐとぅ ちむすみてぃ
　（親の教えを 心にとめて）
　あしみじながち はたらちゅさ
　（汗水流して 働こう）
　しんかぬちゃーとぅ ちぃむあわち
　（みんなで 心を一つにして）

【饗宴の終わりに】

　今日のプログラムは全て終了しました。

　歌と伴奏でリードしてくださいました歌川さん、石合さん、お二人から一言感想をいただきたいと思います。

　それでは終わりにあたりまして、もう一度キャストを紹介します。

CAST ＆ STAFF（演奏順）

ピアノ	石合洋子
リードボーカル	歌川道生
フルート	佐藤章世
ギター	武藤貴文
ウクレレ	岩本昌幸
電子ピアノ	真栄城直子
ハーモニカ 三線	真栄城輝明
司会 伴奏	石合洋子
司会 構成	佐藤章世
企画 制作	真栄城輝明

2023年1月28日

　みなさん仕事でご多忙の中、練習など十分なご準備をしていただきありがとうございました。もう一度温かい拍手をお願いします。

　そして、会場の皆様の温かいご声援とご協力にも感謝を申し上げます。

　これをもちまして、『饗宴』やまと音楽まつり〜やさしさに抱かれて〜を終わります。

　ありがとうございました。

【第二部】8.印象記

印象記① 第130回記念大会「つながりの会」に参加して
歌川道生　（つながり参加歴9年の日常内観初心者・薬剤師）

　約9年前に集中内観を経験し、「つながりの会」に参加するようになって以来、私の人生は「つながりの会」とともにありました。とりわけ、今回の130回記念大会が企画されてから以降は、この大会を目標に毎日を生きていたといっても過言ではありません。

　皆様のお蔭をもって、実り多い、素晴らしい大会となりました。しかしながら、翌日以降の日常にきちんと戻れるのだろうか、目標を失い腑抜けになってしまうのではないかとの不安に襲われました。そこで、大会の翌朝（2023年1月29日）に、元の日常に戻るという決意のつもりで、大会の感想を綴り、エイヤッと「つながりの会」のチャットルームに流しました。

　当初、それを「印象記」として掲載いただけるとは想定していなかったので、原稿として届いたときは少し戸惑いました。しかしながら、改めて時間をおいて読んでみると、文章を綴った当時のありのままの自分自身がよく見える気がします。

　やや乱文ではありますが、私自身の振り返りのためにも、あえて原文そのままで掲載いただけるとありがたいです。何卒ご寛容いただきたく、よろしくお願いいたします。

2023年7月
歌川道生

●まず最初に…
　終宴後、荷物の積み下ろしをお断りして帰ってしまい申し訳ございませんでした。
　一刻も早く帰宅して妻の顔を見たいという気持ちが先走ってしまいま

した。

　おかげさまで、美味しい夕飯食べて、よく寝ることができました。ありがとうございました。

●体験発表

　発表者それぞれの個性が発揮され、本当に聞きごたえのある内容でした。

　大和優子さん、「内観の泉」という言葉が印象に残りました。そして、ご自身の深い内観の体験は、会場全体を「内観の泉」に引き込んでくれる、素晴らしい内容だったと思います。一発目の大役を十二分にこなされたと思います。本当にありがとうございました。

　崎谷さんは、普段からそうなのですけど、一人一人のコメントを全部真摯に受け止め、丁寧に返事を返されているのが素晴らしいと思いました。

　武藤さんのお父さんとの関係性の話、私は一人っ子ではないけど長男であり、干渉を避けるために同居しない選択をしていますので、いくらか重なる部分はあるように思います。

　岩本さんは、ごはん大盛りにするのを遠慮して、汁を大きめにしてもらった話の方が印象に残ってしまいました。やさしいご飯は癒されますよね。

　石合さん、内観面接士のライセンス取得、おめでとうございます。研修所の支え、ご家族の支えに加え、音楽の支えもあったでしょうか。お力を出し切られました。また、「いついつまでも」は私にとっても宝物になりそうです。

●研究発表

　すみません、オンラインで少しトラブルがありまして、発表自体はきちんと聞けていないのです…。また、発表の最中に裏でパソコンをいじくっていてスライド送りに支障をきたしたり、焦ってつい声を発したりする場面もあり、ご迷惑をおかけしました。画面共有

がうまくいかない問題については、ゲスト参加者からも助け舟を出していただき、本当に助かりました。オンライン開催というところで、不測の事態への対応に課題が残ったと思います。その一方で、ことが起こっても、その場にいる人で助け合えることのありがたみを感じたセッションになりました。

●メインシンポジウム

自分の発表ですが、司会の佐藤さんから「残り3分」「残り1分」のお知らせをいただいたとき、「まだ3分（1分）ある！」と感じることができました。こんなことは初めてです。

私の発表について、「100回記念の時と比べて柔らかい感じだった」という感想を伺いました。今朝になって、以前、つながりの会のセッションで、「職場の悩みについて話すときと歌について話すときとで表情や話し声が全然違う！」と言われたことを思い出し、もしかして、前日から取り組んだ音楽の影響もあったのかな、とか思いました。

時間との戦いの中、エピソードの発表に特化しての発表でしたが、この9年間に得た、「助けてもらっていい」ということは忘れてはなりません。真栄城先生の言葉でそれを思い出しました。

海藤さん、ご主人のいらっしゃる席で、正直な話ができてよかったですね。

菅田さんは自分の好きな自分になれましたでしょうか？

セッションを回してくださった座長の都甲さん、それぞれの立場、個性からコメントや質問をくださった舟橋さんと伊津野さん、とても大切なコメントをくださった真栄城先生、皆さんに感謝です。

あと、菅田さんと伊津野さんは今回初めてリアルでお会いすることができました。初めましての感じが全くないのもオンラインの持つ力ですね。

●饗宴

この日に向けて、当日も最後の最後まで必死でピアノの練習をして臨

んだ奥様、緊張されているのを支えた真栄城先生、そして、ちゃんと揃ったつながりの歌の後奏。まさに、「終わり良ければすべて良し」。ご夫妻に全部持っていかれたという感想でした。

楽譜をもらって一人で練習していてもなかなかはかどらなかったのですが、前日集まってわいわい言いながら練習すると、いいものができそうな気がしてきました。仲間の大切さを教わったシンポジウムでした。

●今日からの日常生活

昨年末から昨日まで、この記念大会を悔いなくやりきることが、私の中で、かなり大きな目標となっていました。無事に楽しく終えることができ、ほっとしているというのが正直なところです。一方で、今日から何を目標にしていけばいいのだろう、という気持ち（つながりロス？）もあります。

一方で、職場に目を向けると、3月に職場の引っ越しがあり、その準備に追われる日々が待っていますし、4月の人事異動も今年は自分の身近で大きな変化があると聞かされています。大きな変化を迎える職場環境に自らが対応し、社員のみんなが対応できるように力を尽くすことが、当面、私に課せられたことになると思います。

次回つながりの会の2月25日は、職場引っ越し一週間前という大変バタバタしている時期になりますが、今のところ、研修所に伺うことを予定しております。またまたお悩みを持ち込むかもしれませんが、よろしくお願いします。

印象記② つながりの会記念大会に参加して　前田起代栄（臨床心理士）

　つながりの会100回記念大会に参加・発表をした記憶がまだ新しい中で、130回記念大会が行われました。知らず知らずのうちに、自分たちの中での積み重ねが出来ていたことに、まず驚いていました。

　今回のプログラムの構成は秋の時点で知ったのですが、その盛沢山さに圧倒されていました。一日にこれだけのことが出来るのだろうか、限られた日数の中で開催にこぎつけることができるのだろうか、と呆然とした思いで企画の話を聞いていました。すると、すぐに自ら動いてくださった方がおられ、実行委員会形式で動き始め、次々と役割分担や準備物、案内状やプログラム作成などが進んでいきました。そのエネルギッシュさや一生懸命さ、皆さんのつながる力に脱帽の思いでいました。私は当日しか動けなかったことは少し申し訳ない気持ちでもいます。

　プログラムを改めて見てみると、つながりの会会員の参加者の大半が体験発表、シンポジウム、研究発表、饗宴（饗宴登壇の方は2、3回登壇）のどれかに登壇していたことに気づきました。人前で発表するということは、自分自身と向き合うことだと思います。「お客さん」として聞くだけではなく、皆が何らかの形で自分自身に向き合う機会を頂いていました。

　当日は、どの方も素直に率直にご自分のことをお話しされていたように思います。素直にお話をされる皆さんが素敵だと思いました。それと同時に、私はまだまだ未熟だとも思いました。130回記念大会という場が、話すことにきちんと耳を傾けてもらえると思えるからこそ、自分のことを素直にお話しが出来るのだとも思いました。

　皆さんのお話をお聞きしていると、年齢や性別、職種や立場などを問わずに、それぞれの方から気付きのきっかけを頂いたように思います。どの方の発表からも、私自身の日々の生活に活かしたいと思うことがありました。その為、自分自身の気付きにつながる言葉は書き留めるようにしていました。他人から指摘されるよりも、自分で気づくことが多いのが内観だと思っていますが、つながりの会は、立場を問わずに様々な

人が同じ土俵で話し合うことで、自分で気づくことができる場だと思いました。

　饗宴についても、プログラムにコンセプトのようなものがあり、各登壇者の方の思いが紹介されていました。その準備の入念さにも驚きました。また作って頂いたパワーポイントにも癒されました。登壇されていた方の多くが音楽に詳しい方だったというのもありますが、準備の細やかさに感心させられました。登壇されている方以外は、静かに聞くかハミング程度の声で歌うかだったのにも関わらず、音楽を通して会場が一つになっていたように感じます。心地よい時間で、また登壇者の方々も気持ちよさそうに演奏したり歌ったりされていました。奥様もこの会の為に練習を重ねて下さったのがわかり、温かい気持ち、嬉しい気持ちで聞いていました。カメラ係をしていた私は、皆さんのその表情を心に留めたいという思いで会場の様子をカメラに収めていました。

　気付くと、この盛りだくさんのプログラムがあっという間に終わり、かつほぼ予定の時刻に終了していました。登壇者お一人お一人の時間管理の意識と、司会進行の方のスケジュール管理のお陰と思いました。ありがとうございました。またこうして皆がそれぞれの力を発揮することが出来たのは、この会の運営についてじっくりと見守って下さった真栄城先生と奥様の存在を感じているからだと思います。改めて印象記を書いてみることで、記念大会が終わるまでのプロセスを思い出し、心が温まる思いがしました。

印象記③「大和つながりの会」記念大会を振り返って　酒井ゆり子

　私がつながりの会に参加したのは7月からです。2020年の第百回記念のつながりの会に4回参加しながら、いつかは私も入会し、日常内観を続けたいと思っていました。退職し時間的に余裕もでき、オンライン参加も可能ということで、入会の機会が訪れました。

　入会間もない9月のつながりの会で、130回記念大会の話が出ました。この会の準備ではSkypeのチャット機能が大活躍しました。10月4日には会員の方から準備委員会の提案があり、10月17日「プログラムのたたき台」が真栄城輝明先生より発表されました。4時間30分の提案でした。私は参加しませんでしたが、10月のつながりの会の後から有志による準備委員会がスタートしました。10月28日会場が決定、11月26日には案内文、アンケート、スケジュール表、注意事項が出ました。着々と計画が進んでいました。11月28日には真栄城先生よりプログラムの修正案が出ました。驚きました。たたき台の提案から大幅に増えた7時間予定。でも時間配分をよく見て合計していくと実際は8時間35分になっていました。最初の提案の約二倍。実行委員会の皆さんの熱い思いがとても伝わってきました。12月4日にはほぼプログラム、案内状が完成しました。10時受付開始、17時終了。ここまで漕ぎつけるのに、ずいぶんのご苦労があったのは推して知るべしです。実行委員会の皆さんありがとうございます。12月23日には再度準備委員会のお誘いがあり、私を含めて多くの方が参加しました。この後、いろいろなやりとりのため、チャットのお知らせ音が1月28日の大会当日までかなり頻繁に鳴りました。「饗宴」の部の方は別のサイトを作り、さらに熱のこもった準備が始まり、前日には雪の舞う中、リハーサルも行われたと聞いています。

　当日、雪の写真がチャットにアップされて、影響が心配されましたが、準備も順調にはかどり開会時間を迎えることができました。私はつながりの会にずっとオンラインで参加しており、入会して日が浅かったため少し緊張していました。実際にこの日初めてお会いする方がいらっしゃ

ったのですが、一緒に準備を進めてきた仲間のような親近感がわきました。午前の体験発表では私も含めて、多くの方がうなずきながら聞いていらっしゃいました。後方の席の方が「そうか。」と思わず声になってしまったような反応が心に残りました。自分の内観体験と重ねて共感が広がりました。午後の研究発表では司会を務めました。時間が気になりましたが、どの方も15分ぴったりに終了。発表者の皆さんがあふれる思いをぎゅっと凝縮し、何度も練習を重ねていらっしゃることに気が付き、感動しました。これは体験発表や次のシンポジウムの発表者の方も同様だったと思います。研究発表の質問ではメールの内観についてのものがありました。新しい便利な道具がいろいろな可能性を広げていくのはとても素晴らしい。今回もオンラインでの発表があり、オンラインで参加して下さった方がありました。シンポジウムでは内観を通していくつものトラブルを乗り越えてきた自分の経験が思い出されました。そして、伊津野さんの日常内観と筋トレのたとえが私の気を引きました。「そうか、一人で筋トレしても挫折するけど、みんなで一緒にすると長続きするんだな。」と腑に落ちました。こうしてつながりの会のみなさんと内観が続けられるとありがたいです。

　饗宴が始まりました。みなさんの素晴らしい演奏を聴いたり、歌を歌ったりしながら、私は15年位前のことを思い出していました。同じ会場で、真栄城先生が開いた内観セミナーを何回かお手伝いしました。それは内観のことを多くの方に知っていただきたいということでした。今ここでは多くの方と内観のことを分かち合っている気がして、時間の流れをしみじみ感じました。

　印象記を書く機会を与えていただいたこと、第130回記念大会に参加できたことに感謝しつつ、これからも日常内観を大切にして生活できたらと思います。そのために「つながりの会」の皆さんよろしくお願いいたします。

【第三部】

つがる、つながる、つながりの会　津軽内観研修所　阿保周子

　130回記念大会はリモートで参加し、6月のつながりの会から仲間入りした阿保周子と申します。既知の方もいらっしゃいますがはじめましての方も多いので、簡単ですが自己紹介をさせていただきます。

　2005年、57歳で突然死した夫の葬儀後から学校に行かなくなった当時中学2年生だった娘と2人、大和内観研修所で集中内観を受けたのが内観との出会いでした。その後2013年から大和内観研修所独自の内観面接士研修を受け、2014年に内観研修所を開設しました。

　"内観って凄い"とか"人のために"とか思ったわけではありませんし、もし心理学を勉強したのならば研修所開設の動きにはならなかっただろうと思います。では、いったいどうして開設までしてしまったのかということについて4つのキーワードで述べたいと思います。

〈いごこちいい〉

　初めて集中内観を体験した大和内観研修所は、研修所そのものが清潔で気持ちよく、食事がおいしくて一週間で身も心も洗われた気分になりました。集中内観後には地元での内観セミナー等のお手伝いをしましたが、スタッフの皆さんの対応がとてもあたたかく、仕事でも無理せずに今自分にできることをすればいいんだと思えました。またセミナーの講師の先生方のお話からは生きる力をいただきました。「内観」に関わっていると"いごこちいい"のです。

〈一人〉

　私は結婚してから夫と2人で3人の子どもを育ててきました。そして50歳の時に突然に、理不尽に"1人"になりました。内観では日常から離れて、屏風に籠り一人で過ごすことが求められます。私が一人になったこの時に内観に出会ったことに何か意味があるのではないかと思っ

てしまいます。

〈夢〉
　私はわりと夢は見る方ですが、初めての集中内観でありありと実感を伴なった忘れられない2つの夢を見ました。タイトルをつけると、1つは「父と夫に守られて」。25年前に他界した父と夫に挟まれて川の字になって寝ているというもので、とても心安らかで2人に守られていると感じた夢。2つ目は「旅は終わった。また旅は続く」。何かの乗り物を降りた私。目の前に遥か彼方まで続くモノレールの橋梁のような橋が見え、私はこの橋を進む乗り物に乗るんだと強く思えた夢でした。

〈共時性〉
　詳細は控えますが、内観に関わっていると不思議なことに出会います。「意味のある偶然」と真栄城先生はおっしゃいます。

　35年間の勤めを辞めて内観研修所を開設できたのは、新たな乗り物に乗って進むというあの夢と、一人なのだけれども、父も夫も守り応援してくれるという思いに支えられているからだと思っています。
　津軽内観研修所のパンフレットに私の思いをのせました。
つながるわ
つながろう　あなたとわたし　過去の私と今の私　母と私　父と私 ……
つながるために　心の内をみつめる　話す　聴いてもらう
つながって　輪　和　♡　ほっこり　じんわり　あたたかい
うれしい　たのしい　ありがとう
こころ　ゆるゆる　あずましい　わたしに！

　※「つがる」と津軽弁の“あなた”を表す「な」と“わたし”を表す「わ」を合わせて『つながるわ』
　大和内観研修所のつながりの会に、私も「つながるわ！よろしくお願いいたします。」

集中内観の体験記
〜大和内観研修所からの新しい出発の記録〜　桝本　輝美

はじめに

　私は1年後に還暦を迎えますが、子どもがまだ高校生でもあり、定年後もしばらくは延長して働くつもりでいます。人生も節目を迎えたこともあり、今後の自分の人生を豊かに生きるためにもあらためて過去を整理したうえで、再出発を図ろうと考えて内観にやってきました。集中内観を体験したことで、清々しい気持になったので、それを継続したいと思いました。大和内観研修所では日常内観を継続したい方々のために「大和つながりの会」という集団内観の場が設けられていると聞いて、それに入会しました。今回入会したばかりの私にもお声を掛けていただいたので、集中内観の感想を書かせてもらいました。幸いにも、内観中は所長の了解を得て、日記をつけておりましたので、それを参考に思いを綴ろうと思います。

　4月30日（初日）

　内観初日は午後2時過ぎに研修所に着き、オリエンテーションに参加しました。

　1日のスケジュールと1週間の研修のプログラムの説明を受けたあと、内観に入る前に過去の事実を調べる練習から始まりました。それがないとなかなか思い出せず、内観が行き詰まる人が少なくないらしく、従来「3日目の壁」と称されてきたので、それを何とかスムーズに打開する方法としてある時期から「生い立ちの記録」が導入されたとオリエンテーションでは説明がありました。法座（屏風の中）に案内されて、それに取り組みました。人によってそれに掛かる時間はまちまちのようですが、私の場合は丸1日掛かりました。

　法座に入ってすぐに思ったことは、「この一週間は、私の為だけの私の時間です。とても贅沢な時間だ」という気持ちになりました。とりわけ家庭の主婦としては、家族の食事の世話や掃除と洗濯に忙しく、まっ

たく自分の時間が持てないからです。

　その週は、同時期に5人の内観者がおり、男性3人と女性が2人でした。1階に男性の方々の内観室が用意されており、2階が女性の内観室になっています。

　私としては、家を留守にしての参加なので、何かをつかんで帰らなければという強い思いがありました。一生のうちの大事な時間を与えてもらったわけなので、油断せずに一生懸命取り組む気持ちになっていました。

5月1日（2日目）

　本日より「生い立ちの記録」を済ませていよいよ内観を開始しました。私はこれまでにある団体に所属しておりましたので、一日内観をしたことがありますが、内観研修所という場は、非日常の空間なので全く雰囲気が違って感じられました。朝は5時半に起床して直ぐに布団をしまうと、作務（掃除）が開始されます。普段は朝起きると洗面をすませて後、家族のために食事を用意するので掃除は後回しなりますが、研修所ではまず身の回りの掃除から始めます。そのあと、洗面をします。洗面が済むと自分の身体の手入れとして柔軟体操やストレッチを各自で静かに行います。そして、最初の面接が6時半ごろから始まって7時過ぎには朝食になりますが、3度の食事時間に流れるテープは、とても刺激的でした。内観を深めるための援助をしてくれているように思いました。今日は、平日で長女が高校に遅刻せずに行けたか、お弁当を父親が作ったのか気になりましたが、なんとかうまくいっていると信じることができました。これも内観のお陰だと思います。静かに座って内観していると自分でも不思議ですが、「信じる心」が湧いてくるように思いました。

「生い立ちの記録」を書いていると、様々な過去の思い出がよみがえり、最後の方というのは最近のことになりますが、怒りを覚える出来事が思い出されて、あまりの怒りに頭痛さえ起こってしまいました。それを解消するために面接者から思い切って「恨み帳」を書くように助言があり、それを書き出していたら耳からガスが抜けたようで、頭痛が収まりまし

た。

　そのおかげで内観を継続することができました。怒りは抑え込むのではなく、かといってむやみに爆発させるのではなく、冷静に受け止めて聞いてくれる第三者（面接者）の前で吐き出すことが大事なのだと思い知らされました。

　5月2日（3日目）

　私の怒りがあまりにも激烈だったために、屏風の中に重くて悪い気（邪気）が充満しているように感じました。そこで、面接者にそれを話すと、面接者はそれをよく心得ているらしく、屏風を開放し、暫く、私は縁側に座って庭の木を眺めることを許してもらいました。

　頭痛が再燃したので、薬を服用しようかと思いましたが、これが、3日目の壁かなと感じたので、静かに時を過ごすことにしましたら、夕方になると自然と良くなっていました。内観は一日中、母親に対する自分自身を調べていました。これは母親だから続けることができたと思います。何といっても母親は私だけでなく、人間にとって原点であり、最大の安らぎの場だと思うからです。屏風の中が母親の胎内のように感じられ、贅沢な時間になりました。

　本日も、長女は高校に行っているはずです。時折長女のことが気になるのは、自分自身も母親であることを実感させられました。

　5月3日からは連休で部活登校なので少し安心な気持ちになりました。内観中で体を動かしていないのに、内観研修所ではごはんがおいしく感じます。食べ過ぎると眠くなるのではと思い、腹八分目くらいですませました。私は以前にメール内観も体験しましたが、集中内観はそれとも違うように思いました。やはり、日常生活を離れて非日常の空間で感じる感覚は、体験して初めてわかりました。その違いが分かったことは、どちらも体験したからだと思います。「百聞は一見に如かず」を痛感した次第です。

5月3日（4日目）

今日は朝の目覚めもよく、全くこめかみが痛くないのが驚きであり、嬉しくなりました。

屏風の中に変な気が充満している気も全く感じない。ずっと屏風の中で過ごすことができました。母の内観が済んだので、次は父に対する自分を調べることにしました。

朝の面接では、夢を3つ見たので、まず夢の報告をしました。

〈夢〉

●蛇にかまれる。

母親が毒を持ってわたしの三毒を消そうとしている。

●叔母の法事

筋を通すことにこだわる私

●水陸両用車（未来志向）

自分は未来志向を暗示していると感じました。今回の内観の目的の一つが夢に現れたと思いました。私は、ある団体に所属していましたが、食事の時に流れるテープで、面接者が講演の中で紹介していた「指導者はいつまでも弟子をそばに置いておきたいが、すでに弟子が師匠を超えているときに、指導者は弟子にあげたブレザーが小さすぎることを夢でみて弟子の成長を知った」という話と似ていると思いました。生意気かもしれませんが、私はすっかり成長していて、もうAという団体で教えてもらうことはないと思いました。これは夢から与えられた気づきでした。内観中の夢は不思議です。大きなヒントをくれました。

5月4日（5日目）

昨日に引き続き、その日の朝も夢を二つ報告しました。

〈夢〉

●部屋の模様替え

●主人のサッカーコーチ

父と主人と弟に対する内観をしました。他の方々の内観報告が隣室から聞こえるので、ついそれと比べてしまいます。皆様、深い内観が出来

ているようだが、私はできていないと思いました。でも、Aという団体で体験した一日内観よりは集中できたと思います。食事時のテープは、参考になります。私のメモを見て選んでくださっているのかと思うほどぴったりの内容なので、びっくりしました。ところで、長女は、今何をしているのだろうか？

　横浜にコンサートに行くときいている。彼女は、帰路途中なのかまだコンサート中か何かな？

5月5日（6日目）

　あと一日と半日を残すのみになりました。頑張ろう、と自分に言い聞かせていました。5月5日は、長女の17歳の誕生日です。研修所に電話が掛かってこないということは、何もないということだと思い安堵しています。私の母も元気で過ごせているようでよかった。

5月6日（7日目）

内観は6日目に入った。

夢は2つみました。

〈夢〉タイトルは以下の通りです。

- 「早とちり」
- 「変化」

この2つの夢も大きな気づきを与えてくれました。

　夢は心の鏡だと思います。日常生活に戻っても夢ノートをつけようと思いました。今回の内観がそれを教えてくれたからです。これまで夢をポイと捨てていたのはもったいなかったと思いました。どうやら夢は重要だということも今回の内観でそれがわかりました。

さいごに

　今、思うことはここにきて水脈にあたりそうに感じたことです。

　1週間長いようで短かったです。本日は娘の誕生日です。17歳です。

私のためだけの、贅沢の時間を過ごさせてもらった家族に感謝したいと思います。

【あとがき】

「これまで"大和つながりの会"を陰で支えてきてくれたので、あとがきを書いてほしい」と夫の真栄城に依頼されて筆を執ることにしました。

　さて、本会は集中内観者の集いであり、相互交流の場ですが、目的の一つとして集中内観後の日常内観の継続を考えて2011年に結成されました。伊信先生亡きあと鞍田善三先生の助けを得て、二代目所長として研修所を運営してこられたキヌ子先生が2000年2月に亡くなられたので、真栄城は三代目所長として2000年4月に大和郡山の内観研修所に着任しました。はじめの2年間、所長は単身赴任という形でしたので、私が内観者のお世話をするようになったのは、2年後の2002年4月からになります。やる事は主に内観者の食事のお世話でした。当時は毎週途切れることなく、多い時には18名、少なくても数名、平均すると10名前後の内観者をお迎えしてフル回転でした。内観者の受付は殆ど電話でしたので、その応対に始まり、来所したときはその方々をお迎えして内観室に案内し、屏風の開け閉めや面接の受け方、さらにはお風呂や洗面、トイレの場所だけでなく、喫煙室の使い方、所持品の確認をするうちに内観者の不安を和らげることに心がけました。それによって、安心して内観に取り組んでもらえると思ったからです。なかには、内観中に体調を崩す子どもがいたときには、その子の母親の立場になって、その看病をすることも仕事の一つでした。慣れない仕事を無我夢中でこなしているうち9年が経っていました。ちょうどその頃、熱心な内観者のなかにKさんがおられて、「奥さんに話を聞いてほしい」と言われたのですが、私はカウンセラーの資格がないのでお断りしたところ「それなら奥さんのそばで台所を手伝わせてほしい」とまで言ってこられたので、そのわけを所長が確かめたところ「日常内観を続けたいので、研修所のお手伝いをさせてもらえば、内観の雰囲気に支えられて毎日の内観ができると考えてお願いしました。それが無理ならせめて一カ月に一度でもよいので内観者の集まりを作ってほしい」と懇願されたようです。Kさんの熱意に応えて所長は内観者の集いを結成する決意をしましたが、そ

の時のことは、昨日のように覚えています。

　以来、内観者の集いが「つながりの会」と名付けられて、月例で開催されてきましたが、

　コロナ以前は、対面による開催でしたので、私は受付を担当することになりました。そこで、参加者と挨拶をかわし、ちょっとした会話をする機会がありました。それによって会員との触れ合いがありましたが、コロナの感染が拡大したためにオンラインとなってからは対面する機会がなくなりました。今回の第130回記念大会で久しぶりに対面してみて驚かされたことは、みなさんの成長といいますか、大きな変化を目の当たりにしたことです。日常内観を継続すれば、人は変わることができるのだということを知る機会になりました。記念大会の様子は、本書にみる通りですが、「内観者について行きなさい」と生前の吉本伊信先生の言葉を今一番かみしめているのはスタッフのような気がします。これからも「大和つながりの会」が継続して開催されることを祈って、あとがきを認めた次第です。

（文責：真栄城直子）

〈まとめに〉

　本書は人と人のつながりから生まれた貴重な作品である。つながった人たちというのは「内観」を通して出会い、温め合った仲間たちである。その仲間たちは多種多彩な人生を送ってきた人たちであるが「内観」によって絆を深めてきた。対人援助職（医師、臨床心理士、内観面接士、公認心理師、教師、産業カウンセラーなど）を生業にしている方々だけでなく、人生に疲れ、迷っているときに「内観」を知り、救いを求めてきた人もいる。それぞれが「内観」という同じ土俵（舞台）のうえに参集した仲間たちであり、その土俵（舞台）の名は「大和つながりの会」と呼ばれている。

　その歴史は、まえがきにも記したように2011年4月2日に発足しており、およそ12年の歳月を歩んできたが、今回、日本内観学会の研究助成金をいただいて、本書の形となって生まれたというわけである。これも先のまえがきに触れたことであるが、2020年1月15日に新型コロナウイルス感染症第一例目が検知されて、2020年4月〜2021年9月までに4回も緊急事態制限が発布されたためにこの国では人と人の接触が制限されることになった。

　しかし、それにもかかわらず本会は活動を続けてきたのだ。大学の授業や会社の会議がオンラインで行われていることを知って、本会もオンラインによる開催を模索し、実行してきた。現在は、対面とオンラインの双方を用いた「ハイブリッド」によって活動を継続している。

　本書の作成にあたって相談に乗ってくれた朱鷺書房の嶝社長は、最初の打ち合わせだけはマスクを着用して研修所にて対面で行ったが、あとはメールと電話のやり取りで助言と指導をいただきつつ、漸くまとめまでたどり着いたが、改めて、ここに記して感謝したい。

　そのほか、日本内観学会事務局長の塚崎稔先生には、細部に及んでの懇切丁寧なご助言をいただいた。さらに日本内観学会の副理事長で国際交流委員長の河合啓介先生には、海外、とりわけヨーロッパの情報を報せていただくなど、日頃より本会に対して陰ながら励ましをいただき、

心強く感じている。日本内観学会理事長の堀井茂男先生にはご多忙にもかかわらず、第130回記念大会に塚崎、河合の両先生と共に祝辞を寄せていただいた。

　最後になってしまったが、3名の先生方にはこの場を借りて心より感謝申し上げたい。

(真栄城輝明)

2023年8月16日

内観のうた
〜道（みち）から倫（みち）へ〜

作詞・作曲 真栄城輝明

1．これから通る 今日の道
　わたしの前の 新しい道
　山坂多い 旅の道
　通りなおしの 出来ぬ道

2．きのうがいまを 作り出し
　いまがあすに なってゆく
　苦しいことから逃げだせば
　楽しいことも 遠ざかる

3．幸せはどこに すがたなし
　誰にも見えず 人知れず
　だけどみんなのそばにある
　明日の光を 胸に抱く

4．かくまでそむく 我が子にも
　捨てることなく 見守った
　つい忘れがち 親の愛
　老いませる親の 寂しさよ

5．内観のうた みちのうた
　ひと日ひと日を 振り返り
　感謝で休み 朝の笑顔
　我が生涯を 意義深く

内観のうた
～道（みち）から倫（みち）へ～

作詞・作曲 真栄城輝明

大和内観研修所のご案内

【歴代所長】

初代所長

吉本伊信（1916 ～ 1988）・内観法の創始者

初代所長の吉本伊信は内観の創始者でもある。1937年11月12日、22歳で宿善開発（悟り）した瞬間、「この悦びを世界中の人々に伝えたい」と発心。現在の地、大和郡山に内観道場（その後、内観教育研修所、さらに内観研修所と改称）を開設し、生涯を内観の普及に捧げた。

第二代所長

吉本キヌ子（1920 ～ 2000）

伊信が内観一筋の生涯を送ったとするならば、キヌ子は「伊信と内観の両方に全生涯を捧げた」と言ってよいだろう。伊信亡き後、内観の灯を絶やすことなく、内観三昧の日々を送っているが、夫唱婦随の姿は多くの内観者、とりわけ女性の方々から慕われていた。

第三代所長

真栄城輝明（博士〔心理学〕・臨床心理士）

吉本伊信師の許で内観を体験後、24年間にわたり病院臨床を実践する傍ら、スクールカウンセラーや家庭教育カウンセラーとして教育臨床に従事。小中学校の道徳で内観的授業を担当し、大学では内観療法を講じてきた。

ごあいさつ

　人生に不幸な出来事はつきものです。

　そして、それを直視できないとき、ひとは心を病む。親子の葛藤や夫婦間での不満、あるいは、少年非行や不登校、さらには、ノイローゼや職場不適応など、どうすることもできない悩みに対して、ただひたすら自分自身を見つめ直すことによって悩みの解消を図ろうとするのが「内観（療）法」です。

　元々は「身調べ」と称して、悟りを開くための修行法から出発したものですが、吉本伊信（1916〜1988）によって改良されてからは、人格の陶冶法として矯正教育や社員研修に活用されるだけでなく、学校教育や医療心理学の分野においても注目され、日本内観学会や日本内観医学会においてその成果が次々に発表されてきました。

　その結果、諸外国の専門家からも注目されるようになって、今や国際内観会議や国際内観療法学会まで設立されております。

　そして、このような発展を誰よりも願っていたのは、初代所長・吉本伊信師であったように思います。

　そこで、当研修所としては、今後とも内観の伝統を継承しつつ、新しい時代に向けての精進を心懸けてゆくつもりでおります。

【スタッフ】
　真栄城直子
　吉本千弦
【研究員】
　石合 洋子（日本内観学会認定内観面接士・音楽健康指導士）
　荻野 知子（日本内観学会認定内観面接士・獣医師・臨床心理士）
　酒井 ゆり子（日本内観学会認定内観面接士・元公立中学校教師）
　東 幸子（日本内観学会認定内観面接士・ヨーガ療法士）
　前田 起代栄（日本内観学会認定心理療法士・公立学校スクールカウンセラー・臨床心理士）

大和内観研修所

　〒639-1133　奈良県大和郡山市高田口9-2

　TEL 0743-52-2579 FAX 0743-54-1376

　Email naikan3@nifty.com

　URL https://naikan3.com/

研修所外観

研修所一階内観室

「つながり」の中で己をみつめる

2023年12月20日　　第1版　　第1刷

監　修　　真栄城輝明
発行者　　嶝　牧夫
発行所　　株式会社朱鷺書房
　　　　　奈良県大和高田市片塩町8-10（〒635-0085）
　　　　　電話 0745-49-0510　Fax 0745-49-0511
　　　　　振替 00980-1-3699
印刷所　　モリモト印刷株式会社